100位

为新中国成立作出突出贡献的英雄模范人物

杨 子 荣

吴 卓/编著

★

吉林文史出版社

图书在版编目（CIP）数据

杨子荣 / 吴卓编著. -- 长春：吉林文史出版社，
2011.4（2022.4重印）
（100位为新中国成立作出突出贡献的英雄模范人物）
ISBN 978-7-5472-0596-9

Ⅰ．①杨… Ⅱ．①吴… Ⅲ．①杨子荣（1917-1947）—
生平事迹 Ⅳ．①K825.2

中国版本图书馆CIP数据核字(2011)第051240号

杨子荣

YANGZIRONG

编著/ 吴卓

选题策划/ 王尔立　责任编辑/ 王尔立

装帧设计/ 韩璘

出版发行/ 吉林文史出版社

地址/ 长春市福祉大路5788号　邮编/ 130118

电话/ 0431-81629363　传真/ 0431-86037589

印刷/ 天津海德伟业印务有限公司

版次/ 2011年4月第1版 2022年4月第6次印刷

开本/ 640mm×920mm　1/16

印张/ 9　字数/ 100千

书号/ ISBN 978-7-5472-0596-9

定价/ 29.80元

《100位为新中国成立作出突出贡献的英雄模范人物》丛书

★★★★★

编 委 会

主　任　　张自强　高　磊

副主任　　王东炎　徐　潜　张　克　王尔立

编　委　　郭家宁　尚金州　龚自德　张菲洲

　　　　　张宇雷　褚当阳　丁龙嘉　孙硕夫

　　　　　李良明　闫勋才

/100位

为新中国成立作出突出贡献的英雄模范人物/

八女投江　　于化虎　　小叶丹　　马本斋　　马立训　　方志敏

毛泽民　　毛泽覃　　王尔琢　　王尽美　　王克勤　　王若飞

邓　萍　　邓中夏　　邓恩铭　　韦拔群　　冯　平　　卢德铭

叶　挺　　叶成焕　　左　权　　诺尔曼·白求恩　　　任常伦

关向应　　刘老庄连　　刘伯坚　　刘志丹　　刘胡兰　　吉鸿昌

向警予　　寻淮洲　　戎冠秀　　朱　瑞　　江上青　　江竹筠

许继慎　　阮啸仙　　何叔衡　　佟麟阁　　吴运铎　　吴焕先

张太雷　　张自忠　　张学良　　张思德　　旷继勋　　李　白

李　林　　李大钊　　李公朴　　李兆麟　　李硕勋　　杨　殷

杨子荣　　杨开慧　　杨虎城　　杨靖宇　　杨闇公　　萧楚女

苏兆征　　邹韬奋　　陈延年　　陈树湘　　陈嘉庚　　陈潭秋

冼星海　　周文雍、陈铁军夫妇　　周逸群　　明德英　　林祥谦

罗亦农　　罗忠毅　　罗炳辉　　郑律成　　恽代英　　段德昌

贺　英　　赵一曼　　赵世炎　　赵尚志　　赵博生　　赵登禹

闻一多　　埃德加·斯诺　　夏明翰　　格里戈里·库里申科

狼牙山五壮士　　聂　耳　　郭俊卿　　钱壮飞　　黄公略

彭　湃　　彭雪枫　　董存瑞　　董振堂　　谢子长　　鲁　迅

蔡和森　　戴安澜　　瞿秋白

每个人的心中都多少有一点英雄情结，都向往英雄、景仰英雄。也正因此，在中华人民共和国建国六十周年之际，由中央十一部委联合组织开展的"100位为新中国成立作出突出贡献的英雄模范人物和100位新中国成立以来感动中国人物"的评选活动中，群众参与投票总数近一亿。这其中的每一张选票，都表达了人们对英雄模范的崇敬之情，寄托着对伟大祖国的美好祝福。

一个民族不能没有英雄，否则这个民族就不会强大。当国家危难之时，懦弱者选择了逃避、妥协甚至投降，英雄们却挺身而出，用热血捍卫民族的尊严，人民的幸福。在创立和建设新中国的伟大历程中，涌现出无数可歌可泣的英雄模范人物。他们之中，有为了民族独立和人民解放而英勇牺牲的革命先烈，有为了党和人民的事业而不懈奋斗的优秀共产党员，有在全民族抗战中顽强奋战、为国捐躯的爱国将士，有英勇杀敌的战斗英雄和革命群众，有积极从事进步活动的著名民主爱国人士和国际友人……他们是民族的脊梁、祖国的骄傲，是激励全体人民团结奋斗的精神力量。

《100位为新中国成立作出突出贡献的英雄模范人物传记》丛书，就像一部星光璀璨的英雄谱，真实、完整地记录了英雄模范人物不平凡的一生，再现了他们非凡的人格魅力和精神世界。"头颅可断腹可剖"的铁血将军杨靖宇，"毫不利己，专门利人"的白求恩，"抗战军人之魂"张自忠，"砍头不要紧"的夏明翰，"俯首甘为孺子牛"的文化斗士鲁迅……一串串闪光的名字，一个个动人的故事，犹如群星闪烁，光耀中华。

如今，战火已熄，硝烟已散，英雄已逝，我们沐浴在和平的幸福之中。在和平年代，人们不会忘记为今日的和平浴血奋战的英雄们，英雄的故事永远不会结束。让我们用英雄的故事唤醒我们心中的激情，为中华民族的伟大复兴而奋斗。

生平简介

杨子荣（杨宗贵，1917–1947），男，汉族，山东省牟平县人，中共党员。

杨子荣 13 岁时随父母闯关东，先后在鸭绿江上当船工，在鞍山、辽阳一带当矿工，因此对东北的三教九流、风俗人情、行帮黑话等都有所了解。1943 年春，因反抗日本工头，被迫返回山东老家。1945 年参加八路军。同年 10 月随部队开赴东北，被编入牡丹江军区第二团某部炊事班当战士，不久调到战斗班当班长。1946 年 1 月加入中国共产党。由于在战斗中的表现突出，荣立特等功，并被团里评为战斗英雄，后被提升为侦察排排长。1947 年 1 月下旬，所在部队得到号称"座山雕"的匪首张乐山在海林县境内活动的线索，遂派他带领五名战士化装成土匪吴三虎的残部前去侦察。杨子荣等人到达夹皮沟的山林中，几番巧妙地与"座山雕"的坐探接触，经过用黑话联络，取得了土匪的信任，打入其隐居地。2 月 7 日，一举将"座山雕"及其联络部长刘兆成、秘书官李义堂等二十五个土匪全部活捉，创造了深入匪巢以少胜多的战斗范例。为此，团里给杨子荣记了三个大功。同年 2 月 23 日，在继续追剿丁焕章、郑三炮等匪首的战斗中英勇牺牲。东北军区司令部追授他"特级侦察英雄"的光荣称号，其生前所在排被命名为"杨子荣排"。

1917-1947
[YANGZIRONG]

◀杨子荣

目 录 MULU

坎坷身世 / 002

出生山东，为了生活闯关东，什么粗
活儿都做过，三教九流也都接触过，
可他永远是那个热情、充满正义感
的杨子荣，因为不满日本人欺负工
友，他打了日本人后回到山东。

0–27岁

偷偷参军 / 008

当兵才是真丈夫，他瞒着母亲与妻
子当了兵，但因为年纪太大只做了火
头军。可是，他在平凡的岗位上依旧
能做出不平凡的事情。

28–29岁

林海雪原那支嘹亮的歌(代序)

　　我的父辈们是深爱着《智取威虎山》的，但凡听得开场那一阵二黄导板，便情不自禁地开始手舞足蹈，而后长吸一口气，与杨子荣一起破声高唱："穿林海——跨雪原——气冲霄汉——"，他们可以一字不漏地唱到"来日方长显身手，甘洒热血写春秋——"，而后意犹未尽，又开始哼起"只盼深山出太阳，管叫山河换新装……"那时只懵懂记得杨子荣是英雄，多年后才恍然，那是他们心里最嘹亮的一支歌，伴随着他们的成长、成熟，无论社会经历怎样的改革变迁，那支歌总能毫不褪色地点燃他们生命里最赤诚的激情，他们少年与青年时期所有的英雄主义情结，都可以理解成一个名字——杨子荣。

　　真实的杨子荣是更加可爱可敬的。他从不言失败，从不说放弃，只是张大那双倔强而热情的眼睛，瞧得你心里暖融融的。

　　杨子荣的身世很坎坷，他是山东人，被生活所迫闯关东，但东北的生活依旧艰难。他做过缫丝，也拉过纤、伐过木，给人做过看家护院，三教九流都接触过，土匪的黑话也学了些，即使后来在千山的矿区采矿，他做了把头，也是跟工人兄弟一条心的。

　　人民解放军解放了他的家乡，他仿佛找到了梦想，他偷偷报名参了军，没跟家人说，是不想面对老母贤妻的热泪，可那些思念又怎能不是他前行的动力，不是他念己及人的温柔？他在部队做火头军时，也会积极宣传党的政策、军队的性质，他帮着百姓扫院子、挑水、劈柴，也不忘动员青年参军；做了班长，他细心照顾战士，做了侦察班班长，他胆大心细，勇敢但不莽撞，谨慎但不懦弱，他在无数剿匪斗争中立下了汗马功劳，可他从不夸耀，也不为自己邀功，甚至别人让他在会上讲两句，他也会羞赧地红了脸。做了侦察排长，他就非常重视侦察员能力的培养，他总是抓紧一切机会跟战士们讲侦察兵的要领，讲在林海雪原与土匪进行斗争需要注意的关键。他带出来的兵，一个个拉出来都是顶呱呱的。他参军仅仅一年零五个月，参加大小剿匪战斗无数，做了很多他人敢想却不敢做、甚至想不到如何去做的大事，他的故事被编入文学作品、电影、戏剧，风一样传播，蜚声海内外，几乎家喻户晓。而他，一代又一代人心目中的偶像，却将年仅 30 岁的生命留在了关东广袤的沃土上。

杨子荣并不是一个高大全式的英雄，无所不能是文学作品赋予人物的特色，一旦这个人被还原到生活中，一旦你看到一位更加真实丰满的英雄，我想，你依旧会为他惊叹。他永远是林海雪原里那支嘹亮的歌，在苍山莽林间缭绕奔放，他是无数英雄儿女心中的梦想，是莽莽关东大地上不朽的传奇。

参加革命

（1917—1946）

→ 坎坷身世

★★★★★

（0—27岁）

　　1917年，英雄杨子荣出生在山东省牟平县嵎峡河村一个穷苦人家，父亲杨世恩是名瓦匠，母亲宋学芝是个聪明要强的人，他们一共生有三子三女，杨子荣是家里的第二个男孩儿，上有一个姐姐一个哥哥，下有一个弟弟两个妹妹。父亲怀着美好的愿望给他起名叫杨宗贵，字子荣，他的名与字与兄弟的名字排列起来有这几个字：福、贵、华、禄、荣，可惜这只是杨世恩美好的愿望，贫困与艰辛始终折磨着这户淳朴善良的农家，旧社会的阴影时刻笼罩在他们的头顶，常常吃了上顿没下顿。

　　1920年的春天，杨子荣刚刚3岁，父亲杨世恩挑起两只筐，一头装着他，一头装着刚出生不久的弟弟杨宗华，领着母亲宋学芝、13 岁的姐姐杨宗山、7 岁的哥哥杨宗福，搭乘着乡亲的一艘"刮篓"船开始了"闯关东"的岁月。这并没有给杨家带来好运，他们一路饱受艰辛，风餐露宿，几番周折后落脚在了安东（今辽宁省丹东市）郊外的大沙河村。杨世恩继续做瓦匠，他手艺很好，很得大家的喜欢；杨子荣的姐姐杨宗山为了贴补家用，也去工厂做缫丝，缫丝是很辛苦的活儿，可那种境况下又哪有挑挑拣拣的可能呢；就连母亲宋学芝也不闲着，除了打点家里的生活，她还常常背着小儿子，又拉着大儿子，在附近捡破烂儿。一家人辛辛苦苦地过日子，苦熬苦攒，可也常常连顿玉米糊糊都喝不上。眼见在安东的日子跟在山东差不多，这一年初冬，杨世恩跟宋学芝商量，不如全家分开求生，宋学芝带着三个孩子回山东老家，那里可以种地，总比在这边捡破烂儿要强，而杨世恩和大女儿杨宗山则继续留在安东做工，他们的手艺多少可以多赚一些钱。万般无奈之下，宋学芝答应了。那天风很大，飘着雪花，全家在一起抱头痛哭一阵后，还是不得不各奔一方。宋学芝平安地回到了老家，农忙时下地，农闲时用杨世恩捎回的钱做本钱"割零剪"，就是卖些针头线脑，捎带着还要饭，日子过得紧巴巴，尽管如此，要强的宋学芝决计不让儿子做睁眼瞎，咬着牙让杨子荣去城里念了四年私塾。在家乡的日子过得飞快，转眼到了 1929 年，宋学芝也很惦念丈夫和女儿，便托人将杨子荣带去安东，一面是让杨子荣找父亲和姐姐，一面则是要继续求学。

这是杨子荣第二次坐船漂去东北。

到安东的路很顺，杨子荣也顺利地找到了父亲和姐姐，从此他又留在了东北。15岁的时候，杨子荣向父亲恳求，想跟着姐姐进工厂做工。父亲答应了。于是，15岁的杨子荣就进

△ 杨子荣故居

了工厂，从学徒做起，学缫丝。杨子荣聪明又刻苦，很快便掌握了技巧。三年之后，学徒期满，他已经是厂里数一数二的缫丝好手了。这时的杨子荣对自己的生活还是比较满意的，对于缫丝厂一个月给出的 12 元工钱，他也很高兴，甚至专门请了假回趟山东，一方面看看母亲，另一方面则让哥哥和他一起去安东，跟自己学做缫丝，总比在家里种地要强。杨宗福兴奋地跟着弟弟来到了安东，却没想到，因为日本帝国主义的垄断控制，缫丝厂日渐萧条，不仅不招新的工人，连旧有的老工人也要进行裁减，工钱也由原来的 12 元降至 9 元。杨子荣自恃身强力壮，又有一把好手艺，决定不留在安东，往北走找活儿干。于是，杨家兄弟加上杨子荣的一个把兄弟便一路走过了蛤蟆塘、三家子、红旗岭、岫岩，他们满怀希望地进入一个个缫丝厂，又带着破灭的希望一次次离开。失望的情绪一次次累积起来，杨宗福的心里堆积了许多不满。三个月后，他们只赚到了几块钱，不得不又返回安东。卖技术不行，就只好卖力气了。他们在鸭绿江口岸帮人搬木头、扛大包，进山里帮人劈柈子，什么苦都吃，什么罪都受，只为了挣口饭吃。

　　除夕夜的时候，一家人窝在破旧的茅草棚里唉声叹气。杨宗福不住地抱怨着，说弟弟不该把他鼓动到安东来，结果搞成现在这个样子。杨子荣一声不吭地憋着气，哥哥埋怨得不无道理，可他又怎么知道事情会变成这个样子，他又该去埋怨谁呢？才过了年，杨宗福就搭着船回家去了，杨子荣也无法安心待在安东，于是告别父亲和姐姐，独自一人出去闯荡。他在东北漂泊了四年。整整四年的颠沛流离使得杨子荣整个人都不一样了。他做过老手艺缫丝，也在码头做过搬运工，给大户人家做过护院，还做过船工，在鸭绿江上顺水放排，逆水拉纤。为了生存，他什么苦都吃过，什么罪都受过，也什么人都接触过。逃荒的乡亲、落难的兄弟、三教九流的帮派行会，甚至道上的黑话暗语他也懂得个八九不离十。1938年，杨子荣跟着把兄弟阎喜全经人介绍到了鞍山千山的采矿区做采矿工人。不久，杨子荣的许多难兄难弟得到了消息，都纷纷投奔他而来，到矿上给人说好话，要收留这些兄弟在矿上做工。有廉价的劳动力，矿上自然喜不自禁，凡是杨子荣推荐的，全部都留了下来，一来二去，杨子荣竟然收拢了二百多人。矿上见人多不好管理，便让杨子荣做个"小把头"，管着手下的这些人。杨子荣也不含糊，把把头当得有模有样，他自然不会向着资本家剥削压榨矿工兄弟，于是立下的规矩里便有了一条，谁也不能欺负他手下的人。矿工们也很欣赏杨子荣的义气，都打心眼儿里敬服他。后来，杨子荣知道这矿是日本人开的，便不想干了，但顾及到手下二百多人的生计，便忍了下来，一心想着干好活儿不招惹是非便罢，只领着手下的人磨磨洋工。可是豺狼终究要露出獠牙的，1943年的春天，一个日本监工对他手下的矿工兄弟毒打不休，愤怒的杨子荣忍无可忍，劈手夺过鞭子把日本监工狠狠打了一顿。自知大事不好的杨子荣在工友的帮助下连夜离开千山，回到了山东。

这一年，杨子荣已经 26 岁了，他回到老家默默地开始了耕种生活，他还参加了民兵，站岗巡逻，出差放哨，埋放地雷，破坏公路，捉拿汉奸……在此期间他认识了青妇队的许万亮，很快便与她相爱，结婚生子，也从家里分出了两亩薄田。可惜他的女儿只半岁便得病夭折了。此时，杨子荣的父亲早已在东北染病去世，姐姐也嫁了人不知所踪，杨子荣似乎已经经历了人生的全部磨难。他只沉默着，不多说话，仿佛只是求一份安稳再安分守己的生活，没人知道，他的心里燃着一团熊熊的火焰。杨子荣 27 岁了，这已经是他仅仅 30 岁的人生的绝大部分，可那份专属于他的传奇却还迟迟没有拉开序幕。他所有的辉煌都聚攒在 29 岁之后，如最夺目的光，照亮他的生命。

→ 偷偷参军

★★★★★

（28—29岁）

　　1945年8月15日，日本投降。中国老百姓自然是举国欢庆，可日本人却是不甘坐以待毙的。8月17日，牟平县的日本人打算趁着夜幕逃去烟台，他们仗着手里有枪，还打死了前来阻击的牟平独立营营长。8月18日，当地农救会的会长孙承祺从城里回到村里，向村民们报告八路军进城的好消息，村子里一片欢腾，家家户户好像过年一样，把锣鼓鞭炮都翻了出来，男人们抢着去抬受伤的八路军战士，妇女们则把家里的花生、鸡蛋拿出来，站到路边慰问过往的队伍，整个村子都热闹极了。

　　杨子荣默默地看着大家，心里有些懊恼。他想，自己也算走南闯北、见多识广了，怎么到了 29 岁了，都还一事无成呢，看看那些年轻的兵娃子，看看八路军队伍，那才是大丈夫所为呢! 很快，一个消息像春风一样吹活了他的心思。农救会会长孙承祺带回了一个消息，说政府来了任务，要动员人参军。杨子荣怦然心动，连忙问什么时候报名什么时候集中。孙承祺说，只要跟我说了就算是报了名了，明天就集中。杨子荣兴奋地说，那我就算报名了，明天走的时候叫上我。孙承祺却劝他先做

△ 1945年9月2日，日本无条件投降，签字仪式在东京湾"密苏里号"军舰上举行。

通家里人的工作。杨子荣拍着胸脯打了包票，孙承祺这才松了口，让杨子荣第二天上午到村公所报到。

　　杨子荣回到家里，却不知道该怎么张口。母亲宋学芝年事已高，决不会答应他离家参军，媳妇许万亮还没有从丧女之痛中走出来，又怎么能放手让自己离去呢？思来想去，他决定偷偷地走。一旦决定要走，杨子荣却有些舍不得了，他走进屋里看看母亲，又嘱咐妻子好好照顾母亲，第二天一早，他起了个早，给家里的驴子打来草，又把院子扫净，水缸挑满。许万亮还奇怪他怎么这么勤快，杨子荣说谎道："民兵有当差的，让我也去。"许万亮没有怀疑，赶紧起来给他做饭。杨子荣端着饭碗到了哥哥的屋子里，又嘱咐了几句，才匆匆离家去了村公所。

　　才一见面，孙承祺便问他家里人的工作是不是做通了，杨子荣满口答应：通了通了。于是，孙承祺带着杨子荣和另一个报名参军的青年韩克利出了村子。

　　这边，杨子荣的妻子许万亮做好了午饭却不见杨子荣回来，等到了傍晚依旧不见杨子荣回来，便让婆婆先吃饭，自己赶去了村公所。村公所的干部见许万亮来找杨子荣，诧异地说："宗贵没和你说实话？他哪是出公差，是参军去了！"许万亮惊讶极了，三步并作两步赶回了家里，刚一进门就冲宋学芝大喊："娘，宗贵不是去当差，是参军去了！"宋学芝跌跌撞撞地从屋子里赶出来，两个人一脚深一脚浅地赶到了部队的集合地雷神庙。

到了雷神庙门口，婆媳俩呆住了，四四方方的大四合院里挤着满满的人，哪里看得出杨子荣在哪里啊！许万亮指着一个讲话的人对婆婆说话，引得院子里的人都在看她。终于引起了讲话人的注意，他对着队伍喊道："这是谁的家属啊？是不是来拖后腿的啊？"穿着军装的杨子荣回头一看，正是自己的母亲和妻子，连忙报告一声，跑了出来。

宋学芝指着杨子荣便骂，杨子荣陪着笑脸劝道："娘，我这当兵的心思早就有了，以前在东北的时候找不到好队伍，前些年回来后，我又……"看了妻子一眼，杨子荣道："八路军是支好队伍，是咱们穷人的队伍，眼下胶东是好过了，可在苦水里泡着的还多着呢……"宋学芝和许万亮都不是不明事理的人，她们知道留不住杨子荣，只好不吭声，一个劲儿地抹眼泪。杨子荣又劝道："我当兵后绝不给您老丢脸，您老就等我的好消息吧！"说着还给母亲敬了个礼，宋学芝咧开嘴，却并没有笑出来，她知道自己再没理由阻拦自己的儿子，于是背过脸去转到一边，杨子荣又劝了劝媳妇。许万亮嘱咐他："到了队伍上要往家里打信！"杨子荣点点头，却没机会说什么，队伍开动了，杨子荣看了母亲和妻子一眼，转身跑进了队伍。

杨子荣参加的军队叫做胶东军区海军支队。1944年11月，驻扎在山东刘公岛、龙须岛的汪伪海军六百余官兵光荣起义，杀死了日伪军官，投靠了八路军。八路军给他们的番号叫海军支队。1945年9月，当杨子荣等五百多名新兵走进这支队伍的时候，这支部队的党组织和政治工作制度已经建立，从战斗部队中抽调来的一百多名老骨干和从根据地各中学选调的一百五十名中学生的加入，使得这支海军支队真正地成了人民军队的一员。

队伍都集中在莱西县水沟头的空地上，支队领导在这里进行分兵，周围挤满了老兵和看热闹的百姓。杨子荣听到中队领导叫自己的名字，响亮地回答了一声后跨步出了列，中队长和中队指导员看到出队的汉子不由对视一眼，指导员指着手边的花名册对中队长道："29了，比你我年纪都大。"中队长略一思忖便将杨子荣派到了炊事班。杨子荣二话没说，立刻便去了炊事班报到。炊事班的人见来了新人，都很高兴，把杨子荣迎进班里，铺床的铺床，倒水的倒水，弄得杨子荣怪不好意思的。炊事班的人笑着告诉他，这叫人民军队，同志平等，杨子荣点点头，心想，这才是他向往的部队。杨子荣很快便融入了部队的生活中，班长让他洗菜、烧火，他

△ 胶东军区海军支队队长郑道济

二话没有，挽起袖子就干。他知道，这是军队
的需要，这队伍里的一切，什么都要人来干的。

尽管如此，当他挑着开水去训练场的时候，
当他看到别人生龙活虎地练习投弹刺杀的时
候，他的心里还是隐隐地觉得有些遗憾。有些

时候，他也会通过在中队里做通讯员的小老乡张仁财摸摸枪，听小张给他讲讲什么是准星，什么是三点一线。但这总是过不了瘾的。

部队驻扎在水头沟，一面进行军事训练，一面进行政治训练。杨子荣是读过书的，通过指导员讲解八路军的性质、为人民服务的宗旨、三大纪律八项注意等，心里就像打开了天窗，透亮透亮的，原来这支队伍是和老百姓拧在一起的啊，那这天下还会怕谁呢！

在中队的联欢晚会上，杨子荣给大家说了一段《三国演义》，引起了大家的注意。指导员特地询问杨子荣是否念过书，而新兵们则喜欢没事儿就围在杨子荣身旁让他讲故事。杨子荣推不掉，就给大家讲一段，有时候中队干部也坐在边上听，他们私下里戏称杨子荣是只老母鸡，一到休息，便有一群群的小鸡围着他转。

杨子荣的工作不只是挑水、做饭、扫院子、挖军用厕所，班长有的时候会带着他去向百姓们借东西，总是杨子荣去还。杨子荣是个仔细人，每次归还前都仔细检查是不是有破损的地方。有一次，战士们还回来的碗裂了一条缝儿，杨子荣思来想去，又去买了一只相同的大碗，连同坏的一起还给了老乡。老乡虽然连说不用，但是杨子荣再三强调这是部队的纪律，坚持一并归还，老乡只好收下。后来，这件事情被通讯员小张知道了，向指导员作了汇报，指导员表扬了杨子荣，并要求全连向杨子荣学习，严格遵守群众纪律。

就这样，杨子荣在部队的生活有序地展开，他的名声也渐渐传了开来。

➡ 光荣入党

★★★★★

（28—29岁）

1945年11月24日，部队离开驻地，开拔到黄县龙口镇。这个镇子位于渤海之滨。没见过海的战士都很兴奋，杨子荣却在心里打了个问号，这里是入海去东北最好的出发地，莫非部队要开去东北？

杨子荣的猜想很快就被证实了，部队集结后，宣布了一条纪律，在驻扎的大院儿里，只准进不准出。晚上，中队干部开会回来便传达了一条命令，部队就是要拉到东北去，不能让蒋介石独占东北。第二天上午，全员轻装，部分枪支弹药留给了地方部队，军装上交，每人发了一套黑夹袄，以防在海上遇到美国兵舰胡搅蛮缠。

部队一要开拔，炊事班可忙坏了，司务长给每人领回来两口大锅饼，直径足有一尺半，还有一些咸菜、咸鸡蛋，随后又叫上杨子荣，到街上去买牛肉，回来包饺子。买好了牛肉，杨子荣挑着赶回驻地，忽然一辆军用摩托车在他身边停下，杨子荣定睛一看，却是他的妹夫王明惠。王明惠叫杨子荣放下担子，把他拉到一边急切地问："听说你们要去闯关东？"杨子荣点点头，王明惠想让杨子荣留在胶东军区，说要去找首长给杨子荣说说情，杨子荣沉默了半天，道："说心里话，我当然舍不得离开家，可咱这是队伍，哪能想干啥就干啥。要我估计，不想去闯关东的人不在少数，要都找人留下，那队伍还不散了。"王明惠知道劝不了杨子荣，只好忍着泪看他离开。

下午5点多的时候，各中队的驻地正忙忙碌碌，刷鞋的刷鞋，晾衣服的晾衣服，有的中队的饺子已经下了锅。正忙作一团的时候，集合号响了，大家全都着了忙，摘衣服、收鞋子，有的一看湿得厉害索性不要了。中队干部紧紧地催着大家，有的人眼见饺子都开了锅，却吃不到嘴，急得把盆掀了，抓上盆就走。杨子荣对此二话没说，挑着炊具便跟着走。

码头上，十条大木帆船和三艘渔轮威风凛凛地一字排开，各中队分别上了船，船队摇成一路纵队，向渤海深处驶去。五中队的三排和连部、炊事班坐在一条船上，规定要求船面上除了一两个值勤人员，剩下的全部进入船舱休息。杨子荣主动要求值勤，他站在船面上，望着茫茫大海和远去的龙口港，心中百味杂陈。他们即将踏上的土地是他漂泊多年的第二故乡，在那里他得到了很多，也失去了很多，关于那里的回忆让他心酸而痛苦，也让他想起了家里的母亲和妻子。瞒着她们，终归是不太好的……杨子荣想，等打完了仗，一定要回去跟她们道歉。

换班的时候，天已经暗了下来，杨子荣走进船舱，与大家聊起了东北。船驶过长岛，风便大了起来，帆船不住地摇晃，起伏在波峰浪谷之间，许多人都忍不住吐了。船舱里弥漫着一股难闻的气味。杨子荣是习惯了这些风浪的，他什么也没说，默默地将呕吐物收拾干净。直到后半夜，风浪小了，呕吐声才渐渐停止，这时杨子荣已经满头大汗了。天亮的时候，船老大告诉大家，前面就快到旅顺口了，大家都高兴起来。

事有不顺，就在此时，一艘巡逻艇发现了船队，靠了过来，中队长连忙指挥大家在舱里

△ 旅顺口

坐好，自己出去跟对方交涉。巡逻艇上的洋人在船上发现了枪支，便不由分说地扔进了海里，船上的人急得不知怎么办好。就在此时，杨子荣听到了那些外国人的对话，又探头看了看，赶紧对中队长和指导员说，他们不是美国人，是苏联人。恰巧三排长会说几句俄语，也站到舱口听了一会儿，转头报告说确实是俄语。中队长立刻让三排长去跟苏联人谈话，可惜交涉的结果并不理想，苏联人还是把大家的枪都扔进了海里。直到三排长说出布尔什维克和毛主席，苏联人才隐约意识到这支船队的身份，但仍没放行，只将他们拉到了小平岛，把人都赶上了岸，关起来，直到第二天早上确认过身份才放行。大家都很心疼被扔到海里的枪支弹药，只有杨子荣笑着安慰大家。

先到达庄河的山东军区六师政委李炳令的办事处为部队安排了食宿，支队副政委李伟则迅速赶到了安东向辽南军区司令员兼政委肖华汇报情况，请示任务。肖华指示道：海军支队立即改番为东北人民自卫军辽南三纵队二支队，稍事休整后，由副支队长田松、副政治委员李伟率队开往北满，开辟根据地，宣传革命思想，团结人民群众，扩大武装力量。他强调国民党控制了大城市和主要铁路线，八路军的主要任务则是占领广大农村和中小城市，尤其是北满。李伟迅速赶回部队作传达和动员。11月7日，部队稍作休整后，便离开了庄河，奔赴凤凰城，途经宽甸、桓仁，到达通化，随后又和苏军交涉，坐火车来到了吉林省南口前镇。

当时的斗争情况十分复杂，由于这里长期处于日本帝国主义和国民党反动派的控制之中，群众思想基础比较薄弱，干部们初来乍到又缺乏斗争经验，要迅速打开局面并不是那么简单的。支队领导研究后决定，要坚决消灭吉北、哈南一带的几个县的国民党"先遣军"，一方面武装自己，一方面发动群众建立政权。11月下旬，北方大雪，天寒地冻。26日，部队抵达松花江边。松花江上结了一层薄冰，江对面的乌拉街被一伙伪保安队控制，他们占领了渡口，抢走了船只，妄图负隅顽抗，阻止解放军渡江。

　　面对宽阔的松花江，接受攻打乌拉街任务的大队领导忧心忡忡，江面上的薄冰是经不住人的，附近又没有船只，这样部队根本就无法渡河，战斗也就无法打起。面对此种情况，杨子荣看在眼里，也急在心上，他主动请缨，要去找船。经首长同意，杨子荣连夜就出发了。杨子荣沿着江岸向上游走，越走天越暗，他深一脚浅一脚地踏在雪里，生怕有船自己没看见。大概走了三十多里地，杨子荣在江湾里发现了一条船，他跑过去一看，这条船挺大，能坐上二十多人。杨子荣高兴极了，连忙去找岸边的房屋，跟女主人商量要借船。女主人有四十多岁，丈夫被乌拉街的保安队抓了去，一听说八路军要打乌拉街，二话不说，拿起船桨就跟着杨子荣走了。天快亮了，船也接近了乌拉街渡口，杨子荣让女主人靠边停船，自己飞跑回去报信。中队长闻讯大喜，连忙按照杨子荣的建议派了二三十名战士趁着夜色悄悄渡过江去，只等战斗打响，里应外合。战斗在凌晨时分打响，船不断地把部队运过江去，两面夹攻，乌拉街守军顿时捉襟见肘，首尾难顾。很快，部队与敌人展开巷战，全歼了守敌，黎明时分，部队已经全部过江。

　　在二大队攻打乌拉街的同时，支队参谋长率一大队和警卫中队飞兵夜袭溪浪河，歼敌五十余人，继于是日上午 8 时许包围白旗屯，敌军抵不住三面围攻，从西门和腰崴子撤退。

第二大队闻讯赶到,将敌人包围。上午10时许,进攻打响了,敌人疯狂抵抗,二大队一时没有攻克。此时,杨子荣奉命往阵地上送饭,见战斗打得紧,还替通讯员小张盯了一会儿。午饭后,二大队发起更猛烈的进攻,一举攻破了敌军阵地,除少数敌人漏网逃往榆树、五常,其余均被歼灭。二支队乘胜追击,于12月15日攻克朝阳、舒兰,27日解放榆树,1946年1月3日解放了五常。

在部队进军途中,每打开一个地方,杨子荣就利用向老乡筹粮、借用锅灶等机会,积极宣传我军主张,动员青年参军参战。等部队到达五常时,光杨子荣一个人扩军的人数就达到三十多名,他也被大队评为"扩军模范"。

攻占五常后,来参军的青年很多,渡河时部队只有一千多人,这会儿已有三千多人了。部队的武器装备也得到了改善,舒兰、五常的人民政府还给部队解决了棉衣棉鞋等问题。面对队伍的扩大,支队的首长去见了中共北满分局的领导陈云、高岗。二人命令支队将下属大队扩编成两个团,由田松任支队长,李伟任政治委员。部队在五常进行了整编,杨子荣所在的二大队五中队成了二团七连。这次改编，排长们都争着要杨子荣，出于种种考虑，连长并没有松口，杨子荣还待在炊事班。但在发展新党员问题上，大家众口一词提名杨子荣入党。杨子荣万万没有料到，自己参加革命队伍也不过短短三个月的时间，怎么就能入党了呢！在他的心里，党员都是吃苦在前、享受在后，冲锋在前、退却在后的模范典型，自己做得还远远不够啊。为了解决他的思想负担，支部找他谈话，对他进行党的知识教育，他更深刻地懂得了共产党员工人阶级先锋队的性质，眼下要为天下的穷苦大众求解放，长远的目标是要建立没有剥削、没有压迫的共产主义世界。杨子荣想了很多，想起过去饱受欺凌、尝遍辛酸，如今好日子来了，在共产党的领导下，他挺直了腰杆儿，真正活得像个人了。杨子荣按捺住心头的喜悦，郑重地向支部提出了入党申请。

在鲜艳的党旗下，杨子荣庄严宣誓：凭我老杨这条枪，这身力气，一定要在党的领导下，和阶级兄弟一起，把阶级剥削、阶级压迫的根子挖掉，打出一个共产主义来！

部队整编后，战士们个个都摩拳擦掌，准备大显身手。很快，陈云同志的指示就到达了，二支队立刻挥师东进，去解放牡丹江。

屡立奇功

（1946）

→ 受命班长

★★★★★

（29 岁）

牡丹江地区的军情是很复杂的。

它是北满根据地动不得的要冲，滨绥、图佳铁路在这里交叉，东向苏联，南向朝鲜，乃是交通枢纽之地，又地形复杂，可攻可守，共产党和国民党都把眼光盯在了这里。

日本战败后，在东北的密林山川遗留下了大量的枪炮子弹、衣装被服，都被老百姓们捡了去，还有精明的，揣着两瓶好酒就能让苏联红军站岗的哨兵高抬贵手，从他们的眼皮底下抱走被服或者新枪。百姓手里有了枪，就被拉成了队伍，成立保安队，一个屯子搞出一个连来，几个屯子联合成一个团，许多惯匪炮手、地痞流氓、土豪恶霸、日伪警特可都逮到了机会，在里面大肆钻营，堂而皇之地当上了自封的长官。

本来我党在这一地区的发展是很好的，原抗联五军一师师长李荆璞被委派到牡丹江地区担任军区司令后，大刀阔斧地扩大武装，采用"摘葡萄"的方式连组织带收编，仅一个多月的时间便搞下了十五六个团，有两万多人。又让老红军、老八路渗进每个团里，形势不可谓不好，可惜国民党却一定要来插一脚，他们相继在宁安、林口、穆棱、海林等地设立了县党部、县支部、区党部、区支部，公开挂出牌子，与共产党争夺武装。由于高官厚禄的诱惑，牡丹江军区的十五六个团只留下了三四个营，其他的或明或暗都倒戈了，变成了国民党的"先遣队"、"挺进军"、"保安军"，我党派去的干部有不少都被杀害了。匪徒们凭借手中的武器攻城夺地，烧杀抢掠，很快，牡丹江地区就只剩下牡丹江市和宁安县在我军手中。匪徒们对这两个地方进行了重重包围，形势十分危急。

从五常到牡丹江的崇山峻岭中，一支队伍昼夜兼程，片刻不停地前进！连行了17个昼夜，他们到达了目的地。

此时，宁安以南的东京城，被匪徒围得像个铁桶，李荆璞的副团长王敬之率领着三个营固守在这里。如果不是王敬之请苏军的一个团长带着几百人和自己住在一起，使国民党匪徒投鼠忌器，不敢妄动，恐怕早就被匪军击垮了。

1946 年 2 月 1 日，农历腊月三十，王敬之准备了一点儿酒菜，请苏军团长一块儿过年，苏军团长悄悄地告诉王敬之：“你的老部队来了！”王敬之听到消息，心里一喜，连忙问：“哪里来的？”对方告诉他说山东。王敬之顿时连连叫好。苏军团长见来了援军，当晚就把自己的人带走了，王敬之也立刻准备，命令手下三个营进入战斗状态。

　　当天傍晚，牡丹江西边的海林镇开进一支身份不明的队伍，国民党的匪兵们以为是自己的援军，欣喜地将队伍迎进城。第二天一早，这支队伍便架起了机枪，勒令国民党县党部的人缴枪。这支部队自然就是杨子荣所在的二支队。

　　解了东京城的围，牡丹江军区司令李荆璞亲自赶来慰问二支队。见到首长来慰问，战士们也都很兴奋，李荆璞司令就站在院子里大声对战士们说：“我来的时候，张闻天同志让我捎来一句话，他称赞你们连续 17 个昼夜雪地行军，是搞了一次‘小长征’。”接着，他详细介绍了牡丹江地区的敌我情况，传达了党和人民的殷切希望，要求二支队发扬老八路部队的传统，早日剿灭土匪，包围和建设牡丹江根据地。

　　开过连以上干部会后，李荆璞司令指示二支队，将支队补并一团进驻宁安，而二团则留守海林，立刻展开剿匪准备工作。二团各连分驻到海林的百姓家，百姓们长期受匪兵压迫，也不知道是什么军队，都小心翼翼地陪着大伙儿。杨子荣所在的七连炊事班入住到了农民孙玉琢家。进了门，战士们便手脚麻利地帮老乡干这干那，挑水的挑水，扫院子的扫院子；都忙完了，就找些砖头，开始垒灶支锅。孙玉琢一家隔着窗户，惊奇地打量着院子里的士兵们。没多久，战士们就做好了一大锅高粱米饭，好多人都提着饭盒来院子里盛饭，孙玉琢一家悄悄地好奇："这队伍倒是不坏，大过年的，咱们吃饺子，他们只吃高粱米。"

傍晚，孙玉琢与父亲出来铡草，杨子荣连忙跑出来帮忙。闲谈间，杨子荣自然不忘宣传革命的目的，宣传队伍是人民的队伍，为了人民翻身解放而奋斗。孙玉琢很感兴趣，可孙老爹却不敢多听，赶紧拉着儿子进了屋。杨子荣并不灰心，把情况跟班长作了汇报，班长也嘱咐他要有耐心。

土匪不知从哪里知道了孙家的情况，在门上钉了一张恐吓的纸条，上面写着"小心脑袋"，孙家见到纸条惊慌失措，不知该如何是好，只得将纸条递到杨子荣手里。杨子荣立刻将纸条交给了班长，班长看后，安抚孙老爹道："你们放心，有我们住在这儿，八路军绝对会保证你们一家的安全。"此后，杨子荣就和班里的人轮流在孙老爹的窗户下守夜。孙家知道后感慨不已，直夸他们："真是少有的好部队！"

由于拉近了关系，孙玉琢经常跑来找杨子荣，杨子荣就趁机给他讲穷人为什么穷，富人为什么富，穷人要不受穷，就要闹革命，要翻身做主人。他还鼓励孙玉琢去参加民兵，投入到剿匪斗争中去。在他的鼓动下，孙玉琢又找来几个兄弟，一连串来了十多个人，找杨子荣报名参军。杨子荣将情况反映给了连里，连队首长高兴地把这些小伙子们介绍给了新成立的民兵组织。

在杨子荣的沟通联络下，连里掌握了很多当地的情况，比如什么地方藏着土匪，什么地方安全可以藏住人，各地方的人有什么风俗习惯等，连长直夸杨子荣是个"材料篓子"。

随着部队打下新安镇，"海林来了八路军"的消息像长了翅膀一样迅速传开，百姓们看到八路军是真心实意为老百姓的利益着想，帮老百姓做事，都愿意帮八路军的忙。海林镇的年轻人也都积极要求参加民兵、农会组织，他们站岗放哨、支前执勤，还经常听杨子荣宣传革命形势，讲革命故事，大家都亲切地称呼杨子荣为"老杨头"。

二支队的到来虽然使牡丹江地区敌我力量发生了变化，但单就数量来说，还是土匪占有优势。好在各自占山为王的土匪为了保存实力，并不肯协同作战。根据这种情况，牡丹江省委和军区决定，剿匪采取集中兵力、分路清剿的办法，首先向当地实力最强、对牡丹江地区威胁最大的郑云峰、马喜山匪部下刀。

战斗很快打响，2月15日，二支队队长田松率部奇袭鹿道，活捉匪首郑云峰，16日、17日连续击溃马喜山匪帮的进攻，取得了讨伐郑云峰、马喜山二人的决定性胜利。3月4日，部队攻占了五凤楼。这场战役前后十七天共经历了二十一场战斗，歼灭和迫降郑云峰手下小股匪徒一千六百余人，缴获大批枪支弹药，解放居民点二十三个屯，群众五万余人。此战胜利后，李荆璞司令亲率部队围剿谢文东匪部高永安、张德振、李开江部。3月16日，首战草甸子，次日拂晓与匪部激战桦林东山、北山，匪部被击败，残部逃往板院，我军继续追歼，继而解放五河林、北甸子、马桥河等村屯，21日将残匪包围在板院。

板院的战斗打得相当激烈，顽匪躲进民房，强迫百姓到前面去挡子弹。直到下午2时，我军才攻入板院。杨子荣是跟随部队进去打扫战场的。一进院子，杨子荣便惊呆了，房子都被炸毁了，许多人倒在地上，这其中固然有持枪的匪徒，可也有白发苍苍的老人，还有被刺刀挑开胸膛的妇女，还有许多缺胳膊少腿的人在地上挣扎。几个孤苦无依的老人坐在废墟旁哭泣。杨子荣的心被撕裂了，他想起了远在胶东的母亲、妻子、兄弟，想起了家里的三间草屋。他蹲在一位老人身边想说些什么，却又什么都说不出来。此刻，任何安慰的言语都显得那么苍白，他默默地站起来帮助战友掩埋了乡亲们的尸体。

打扫完战场，连队的指导员开始对俘虏进行教育，经过交谈，发现这些土匪绝大部分都是住在附近的老百姓，被逼着当了土匪，家里也都有亲人。这些俘虏纷纷表示要改邪归正。见到他们确有悔改之意，指导员进行了说服教育后，便放他们回去了。

这边放走了俘虏，那边七连连长可就发了愁，他手下尖刀班的一班长身负重伤，手边又没有可替代的人选。指导员笑着点醒他，杨子荣不是个现成的吗? 连长立刻转忧为喜，当即将杨子荣叫来，宣布了任命。

杨子荣十分干脆地接受了任命。很快，他便在自己的第一个任务中表现出了超人的智慧与勇气。

→ 独闯匪巢

（29岁）

　　当日黄昏时分，军区侦察兵来报，残匪集结在了杏树底村、柞木台子一带，他们一面修筑工事，强迫百姓准备给养，企图顽抗到底，一面派人向匪首谢文东求援。他们还散布谣言，说中央军和美国大军即日可抵牡丹江之类的话，既给自己打气，又要蛊惑民心。

　　李荆璞司令立即命令二团政治处主任率部连夜出发，偷袭杏树底村，务求全歼敌人。

　　晚上9点，部队趁着夜色出发了，他们避开大路，沿着深山小径悄悄向杏树底村开进。杏树底村坐落在一条东西走向的大山沟里，东、西、北三面都是开阔的稻田，围着村子的是一圈两米多高的土墙，土墙里用碗口粗细的柞木夹了木障。围墙四角还耸立着日伪时期修筑的炮楼，墙外还挖了一条两三米宽的壕沟，沟外也设了木障。

窜进杏树底村的四百多匪徒是多股残匪聚合到一起的，他们没有统一的指挥，最大的头目就是李开江匪部的几个连长、副连长。说得上话的也就是青背村的许大虎、北甸子的王洪宾和杏树底村的郭春富、康祥斌这几个人。他们虽然见杏树底村墙高围固，易守难攻，却也并不放心，派出了几个土匪到北面的最高处放哨。被派出的土匪小头目耍了个小聪明，在放哨的地方燃了堆火，指望共军不从这里进攻。

3月22日拂晓，王日轩等人率部接近了杏树底村，远远见到火光，料想敌人早有准备，立刻更改了计划，变偷袭为强攻。给各连分配好任务后，各连迅速移动到指定地点，占领了阵地。村内的匪徒听到枪声，纷纷上了围墙阵地，几个匪首也紧张地提枪督战，让匪徒们"坚决顶住"。

破晓时，我军发起进攻，匪军居高临下，使得各连的几次爆破都没有成功。枪弹就这样在阵地上飞射，双方你来我往，一时间僵持不下。

杨子荣率领的一班突击班，他们冲在最前面，却被敌匪的火力压在一条小沟里。杨子荣心急如焚。

这时，八路军的炮火打响了，山炮、迫击炮轮番上阵，在匪兵的阵地上、村子里炸开了花。村子里很快窜起一股浓烟，显然是民房被打着了，趴在地上的杨子荣隐约听见了女人和孩子的哭声，顿时想起了几日前在板院见到的惨状。他心里很不是滋味，怎么能让悲剧不再重演？想起上次与匪兵俘虏的谈话，想起我军在人民群众中的声威，一个大胆的方案很快在他心中有了轮廓。他看看身后，火力太猛了，来不及回去汇报了……他果断地把枪交给了身边的战士，低声道："我进村子去劝降。"

战士顿时急了，阻止他道："连长，那怎么行，太危险了！"

杨子荣坚定地说："为了救百姓的性命，再危险我也认了，就是死了也值。"

战士还试图劝他，杨子荣斩钉截铁地说："别再说了，我走后，你们马上派个人去向连里报告，告诉连里我去干什么了。"说罢，杨子荣从沟里站起来，解下白手巾，一边挥着一边向西卡子门跑，一边跑一边喊："弟兄们，不要开枪，我找你们当官的有话讲！"

匪徒们从没见过在枪林弹雨中跑过来的人，不由停了火，杨子荣班里的战士也飞快地爬起来向指挥所跑去。指挥所的干部听到杨子荣的方案后，也吃了一惊，但他们相信杨子荣的判断，便让炮兵阵地先停了炮。

杨子荣跑到对方卡子门前，围子里的土匪还在发愣，有一个反应快的，冲着匪兵们大喊道："投降的，开门让他进来！"

门开了条缝儿，杨子荣闪了进去，门内两条黑洞洞的枪口顶住了杨子荣。匪军军官逼问他："干什么的？"

杨子荣镇定自若："我是八路军的代表，你们被包围了，我来劝你们投降。"

匪军军官很不屑，倒是不少匪兵觉得好奇，

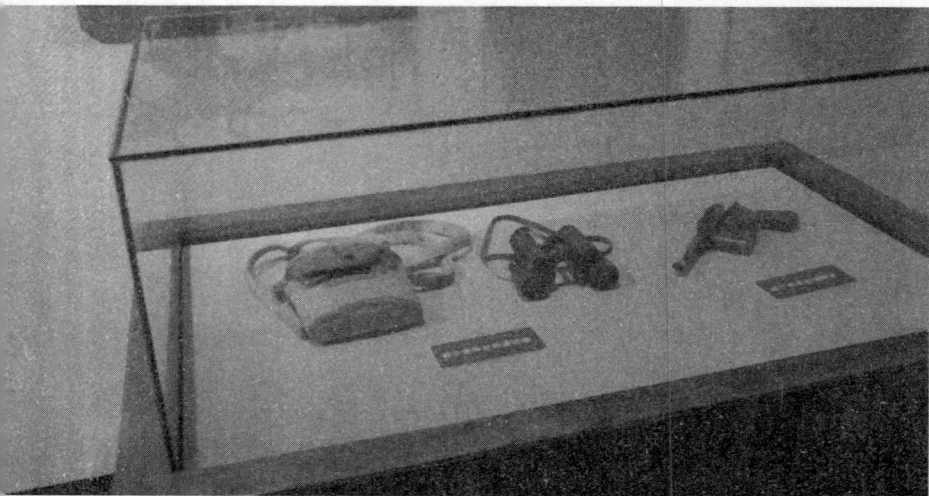

△ 杨子荣生前用的武器

凑了过来。杨子荣借机开始宣传："形势明摆着的，打下去，对你们谁也不好，我们的政策你们知道，只要放下武器，我保证你们的生命安全……"

匪军军官试图打断他，要带他去连部，可杨子荣并不理他，继续说道："看看周围的山头，村子已经被围得水泄不通，想活命就跟我找你们连长去！"

匪军军官领着杨子荣向连部走去，后面果然跟来不少匪兵。听到消息，杏树底村被匪兵欺压的村民们也都探出头来，想看看八路是个什么样。

杨子荣亲切地跟老乡打招呼，百姓们见杨子荣丝毫不惊慌，还挺和气的，也都壮着胆子走出家门，跟着杨子荣往连部走。他们心里对杨子荣颇有些好感。

杨子荣一路仔细听着百姓们的议论，决定擒贼先擒王，利用匪兵间的内部矛盾解决许大虎和王洪宾。

到了匪兵的连部，连长不在，匪军军官叫几个匪兵看好杨子荣，并驱散看热闹的人。可看热闹的人却越聚越多，几个匪兵也索性不赶，听听杨子荣说什么。只见杨子荣跳上碌碡，大声讲道："乡亲们，我们是共产党、毛主席领导的队伍，是为咱们穷苦百姓闹翻身、打天下的，我们的大部队已经把村子团团围住，他们要打下去，不仅是自己要被消灭，连咱们老百姓也要跟着遭殃。我已经跟他们当官的说了，只要放下武器，不仅生命安全有保障，乡亲们也可以平安无事！"

围观的百姓们顿时议论纷纷，杨子荣见起了效，又对匪兵们说："兄弟们，你们仔细想一想，你们到底是为谁打仗、为谁卖命？为国民党反动派值得吗？国民党反动派是专门欺压老百姓的，你们帮他们打仗，良心上过不过得去？你们在家里都是好老百姓，都上有老下有小，你们再打，对得起谁？我告诉你们，你们好些人的家在板院、在青背、在北甸子，那里都被我们解放了，你们家里的人在盼着你们回家团圆呢！"一番话下来，匪兵们都低下了头。

这时，村里有人气呼呼地说："邱会长这会儿哪儿去了，都这种时候了，还不出头？"

杨子荣心里一动，跟人问道："哪位是邱会长啊？"

一个四五十岁的男人被人推到了杨子荣身前，他对着杨子荣点头哈腰的，杨子荣义正词严地要求他劝服郭连长等人放下武器。邱会长连连点头。杨子荣又要他准备些白旗放到围子上，邱会长一叠声地答应着，赶去办了。杨子荣又继续向匪兵和老乡做宣传。

这时，四个土匪头子提着手枪走过来，其中一个膀大腰圆的家伙一把将枪口顶上了杨子荣的胸膛，气势汹汹地吼道："不许你在这儿扰乱军心、煽动百姓！"

杨子荣拿眼睛一瞥，心知这是许大虎，只质问了一句，便不再理他，换了口气又问道："哪位是本村的郭连长？"

其中一个人点了点头。杨子荣目光扫视其他两人，对王洪宾和康祥斌心里也有了数。他厉声对他们说："听着，杏树底村已被我军包围了，硬打下去会有什么后果，你们自己清楚。"他指着被我军炮弹打中的目标："为了保护村里的乡亲，也是给你们和你们的弟兄们一条活路，我们的大炮才停止攻击的。只要你们主动放下武器，我可以保证你们的生命安全，从宽发落。要走哪条路，你们自己选！"

外强中干的许大虎挥舞着手枪冲杨子荣叫道："少来这一套，你不要吓唬人，老子见得多了，你还是快投降吧，别找死！"

杨子荣仰天大笑，毫不在意他的手枪，仿佛许大虎手里拿的就是个玩具："告诉你，姓许的，怕死我就不这样来见你了，大不了我一个人头换你们一大堆脑袋！你们也别充硬汉了，郑云峰怎么样，还不是一样被我们活捉了，赫赫有名的马喜山，被我们打得比兔子跑得还快，就你们几个？哼哼！"杨子荣推开许大虎的手枪，转脸对村民们说："乡亲们，青背村的许大虎和北甸子的王洪宾不同意交枪，要在你们的村子里打到底，你们看怎么办？"

村民们愤怒地高喊着："让他们带着人回自己村里打去！""我们杏树底村不借地方给他们打仗！""要打让他们出去打！"

杨子荣又用手指着匪兵们，对许大虎和王洪宾说："你们再问问他们，有谁愿意跟你们去送死？"

许大虎和王洪宾见匪兵们看自己的眼光绝不是顺从与听话，心里也有些慌，索性抬出李开江来吓唬人，杨子荣轻蔑地一笑："少做白日梦了，谢文东、李开江被我们打得东逃西窜，自己都是泥菩萨过江自身难保，哪里还顾得上你们？！你们还是看清眼前，别不识抬举！"

这时，邱会长抱着几面白旗过来，接杨子荣的话劝道："识时务者为俊杰，看在全村六百多口的份儿上，咱们还是和了吧！"

许大虎不敢招惹杨子荣，却敢欺负邱会长，一腔火气冲着邱会长便撒了过去："老子毙了你！"说着还把枪顶到了邱会长的脑门上。邱会长吓得浑身发抖，连连说道："我这也是为了村里的百姓，为了青背村的弟兄们好啊！"

面对此种情况，杨子荣看出了郭春富、康祥斌的不满，趁机激将："许大虎，郭连长在这儿，哪用你来逞能？"

郭春富倒也是个实心的人，被杨子荣这样一激，觉得自己村子里的维持会长在面前这样被欺负实在是有损颜面，一把火气便直冲着许大虎去了，他大喝道："姓许的，别太放肆了！打狗还得看主人呢！"

许大虎也不甘示弱，把枪一比画，厉声问道："你想咋地？！"

"你敢咋地？！"郭富春也把枪拔了出来，这边王洪宾、康祥斌二人也端起了枪。眼见局势要混乱，杨子荣生怕劝降不成还伤到老百姓，急中生智，对院子里的匪兵喊道："愿意交枪的把枪放到这里来！"有一个匪兵听杨子荣这么一喊，就跑过去把枪放到了地上。邱会长见有带头的，又壮着胆子喊道："为了杏树底村的三老四少，欢迎弟兄们交枪！"群众也跟着呼吁，很快匪兵们纷纷把枪扔到了地上。几名匪首见大势已去，不由长叹一声，也交了枪。

杨子荣见事情成功，立刻让郭连长到围子上去插白旗，又让许大虎集合队伍，把枪架好，撤去木障，开门迎接队伍入村。匪首们自是恭恭敬敬去执行命令，康祥斌还带来一本匪兵的花名册和武器清单请杨子荣过目。

村外，指挥所里的领导此刻已坐立不安。杨子荣进到村子里已经两个多小时，也不知劝降进行得怎么样，杨子荣是否有不测。正心焦的时候，忽然见到围子上插上了白旗，教导员朱绪庆惊喜异常，立刻命令号兵吹号进村。

部队浩浩荡荡地开进了村里，看到四百多名土匪列队站着，前边整齐地放着四挺重机枪、六挺轻机枪、两门平射炮、一门迫击炮、八具掷弹筒、三百多支长短枪和大批弹药，都交口称赞："杨子荣真了不起！"

朱绪庆紧紧握着杨子荣的手，连声说："杨子荣同志，你可为人民立了大功，我代表营党委对你作出的突出贡献表示祝贺和感谢！"他接着对营里干部交代道："你帮着把材料整理一下，向团里给杨子荣请功！"

面对敌人能言善辩、口若悬河的杨子荣此刻却害羞起来，他不好意思地对营首长说："请什么功啊，我这次行动也没来得及向首长请示报告，就……等我打好了仗再说吧。"朱绪庆连忙表示一定要给杨子荣请功，他说："杨子荣同志，事实证明你没有做错，你做到了我们想到却没能做到的事！"

这次战斗的胜利是牡丹江北路剿匪的一个转折点。在我军乘胜追击下，残匪不敢抵抗，除了匪首高永安逃窜外，张德振、李开江率四百人缴械投降。3月28日，牡丹江北路剿匪部队与合江部队在柳树河子胜利会师，打通了海林以北牡丹江佳木斯铁路的交通线。

→ 侦察班长

★★★★★

（29岁）

　　杏树底村一仗打完，杨子荣可出了名。

　　北路剿匪获胜后，杨子荣所在的部队又开回了海林。乡亲们得知是杨子荣独闯匪巢劝降了四百多土匪，都纷纷夸他"了不起"。对此，杨子荣很不好意思，他说："都是党领导得好，是借咱们共产党领导的队伍的威力，就凭我一个人，我能干啥呀？就是一根好木头，又能劈几块桦子呢？"

　　现在，杨子荣带了二十多个"解放"兵。这些兵是投诚过来的，身上都带点儿匪气，要想把他们训练成合格的八路军战士，绝不是一件容易的事儿。杨子荣知道自己身上的担子，但他毫无怨言，全心全意地在生活上照顾、思想上指导这些战士。他们

屡立奇功

住在房东家，杨子荣早早起来招呼战士们起来扫院子，有人抱怨，他便说："我们是老百姓的队伍，老百姓的队伍不为老百姓做事，去为谁做事？"战士们听了就都起来了。杨子荣给新兵们分了工，铲雪的铲雪，扫院子的扫院子，还带着人去挑水。房东大娘过意不去，叫他们歇歇，给他们备了一大锅热水洗脸。有的战士感动得哭了起来，他说，以前做匪兵，见着老百姓就又打又骂，老百姓见了当兵的，也赶紧关门闭户，哪见过往屋里让他们的？杨子荣趁机说道："这就是国民党和共产党、土匪部队和八路军队伍的根本区别啊，军队打胜仗，人民才是靠山呢！"

在杨子荣的教导下，过了半个多月，这些新兵们知道了什么是人民军队的宗旨，什么是"三大纪律八项注意"，他们已经成为一名忠诚的八路军战士，用有的战士的话说，是"拿棍子撵也不走了"。

可是离别的时候终于来了，好钢要用在刀刃上。一天下午，杨子荣被一位姓王的团长叫走了，据说是被挑到团里当侦察班的班长去了。

王敬之三月份才来到海林就职，他很快就熟悉了他的同事、机关、部队，但是，面对土匪出没的茫茫林海，他总是有些不安心，他需要一双千里眼、一对顺风耳，让他时刻了解匪徒的行踪。一日，在听取王日轩和朱绪庆汇报工作时，他一下子就注意到了独自劝降土匪的杨子荣。他想他找到了他想要的人。为了进一步了解杨子荣，他还去亲自考察了一番，结果自然很满意，杨子荣当天晚上就搬到了团部，做了侦察班的班长。

起初，杨子荣在团长面前有些拘束，后来团长和他唠家常，说自己和他年纪相仿，也都是山东人，还都带个"长"，就让他觉得亲近了许多。此后，杨子荣和王敬之建立了一种绝对信任的关系。

解除了牡丹江地区南面和北面的威胁，剩下的就是东西两面了。可是土匪都变得狡猾了，要去哪里找他们呢？正在一筹莫展之际，杨子荣带新兵时住过的房东大娘给送来了土匪的消息。原来，房东大娘的侄儿来串门，见这里住着八路军，大家一片和乐融融的景象，不由感叹，自己家里那边还是土匪的天下呢。房东大娘灵机一动就带着她的侄儿来找杨子荣了。

根据这位老乡的叙述，亚布力的山里有一伙儿土匪，经常祸害百姓。杨子荣大喜，立刻向团里作了汇报。团长要杨子荣先去侦察一下，并告诉杨子荣，在亚布力西边的苇河，驻有团里的二营，副政委曲波同志可以帮助他。

杨子荣接受命令后就立刻带着两个侦察

员出发了。

当时已经是五月份了，东北的五月天已经暖和了，雪都已融化，道路却都翻了浆，一踩一个坑，泥巴粘在鞋子上，凝成了坨，一个都有十几斤重。杨子荣一行三人全身都是泥巴，日夜行进，很快来到了亚布力后堵村村边的小山上。远远见到围着村子的有一道围墙，村子里也有人在带枪活动，杨子荣决定进村侦察一下。他让两个侦察员在山里等着，自己则化装成一个背柴禾的农民，背着一大捆几乎盖住整个身体的柴禾进了村。村口站岗的不疑有他，随口骂了他一句就让他进了村，杨子荣慢慢在街上走着，双眼如鹰，观察着每一户人家。他发现，许多人家都有匪兵住着，他一直踱到一户破落的院子前，伸手敲了敲门。开门的老大爷犹豫不决，不敢开门，杨子荣索性撞开了门，进了院子放下柴禾，反手插上门。老大爷惊恐地问："你是……""大爷，快进屋。"杨子荣背起柴禾先进了屋，见屋子里空空如也，只有炕上有一张破席，一床乌黑的破被卷在炕里。

寒暄了两句，杨子荣切入正题："大爷，村子里住的是什么队伍？"

老大爷气呼呼地说："胡子！"

"哪里的胡子？"

老人警觉起来，问道："你问这干啥，你是干啥的？"

杨子荣压低声音道："我们是共产党领导的队伍，是穷人的队伍，来打胡子的！"

老人狐疑地看了看杨子荣，问："你们有多少人？"

"多着呢！"

老人一咬牙，把村里土匪的情况都告诉了杨子荣。

住在村子里的土匪有四五百人，为首的是被称为"许氏四杰"的兄弟四人，名字分别叫做许福、许禄、许祯、许祥，他们自冬天占据这里后，把村子里的百姓害苦了。老人的儿子被抓去当匪兵，因为不愿意干被活活打死，儿媳妇被土匪糟蹋后自杀了，老伴儿也气得一命归天。老人说起这些事，恨得咬牙切齿，杨子荣也把牙齿咬得咯咯响，他抓住老人的手说："大爷，我们一定来给你报仇！"

又问了一些情况，杨子荣见天色已暗了下来，便告别老人，潜出村子，奔上后山会合了另外两个侦察员，连夜赶往苇河。

曲波副政委听了三人的汇报，决定率领一个营，远距离奔袭亚布力后堵村，出其不意，歼灭这股土匪。

部队紧急集合，由杨子荣和两个侦察员带

路，如一只利箭射向后堵村。拂晓，部队到了亚布力后堵村附近，曲波副政委正准备将队伍散开包围村子，谨慎的杨子荣提议再让自己进村子里侦察一下："过了两三天，不知道敌情会不会有变化。"曲波同意了，让部队隐蔽起来。杨子荣又换上百姓的衣服，悄悄摸进了村里。找到老大爷家，却从老人口中得到匪兵增加的消息。

"来了多少？"杨子荣问。

"昨天傍晚，又开进了四五百个胡子。"老人担忧地说，"我怕你们来的人少要吃亏。"

杨子荣问了几句，见老人也不知道土匪的来路，便道了谢，离开了老人家。

就这么回去，杨子荣总觉得有些不甘心，他又摸到村北头，村北头设了双岗，想必是重要的地方。不料，杨子荣碰响了树枝，哨兵听见响动，立刻拉响枪栓，喝问："谁？"

杨子荣就学着猫叫，骗过了哨兵。哨兵以为没有人，说话也不小心，一些重要的情报都被杨子荣听了去。"你那一溜子一来，咱们就有上千人了，头儿们正合计着干一件大事呢！"杨子荣听得真切，连忙找了个没人的地方，翻了出去，赶去向部队报告。

曲波接到报告，暗道一声"好险"，连忙找来干部商量，决定留下一个排在附近监视土匪的动向，部队原路返回苇河，同时派人向团里报告，请部队来增援，会剿这伙土匪。

回到海林，杨子荣急切地向团长汇报敌情和曲波的战斗方案，团里立即商定，由团长带队前去参加会剿，政委带警卫连等留守海林。

　　两路部队会合后，于拂晓向敌人发起猛攻，经过一番激战，"许氏四杰"全被活捉，歼灭了匪徒千余人。打扫战场的时候，杨子荣带着侦

△ 建在黑龙江海林的杨子荣烈士陵园

察兵捉到了一个肥头大耳的家伙，并从他身上搜出了一封信。团长见到信，不由大笑："原来是杜长富派来的接收大员赵专员。"团长扬着手里的信，笑着说："你把杜聿明给谢文东的亲笔信弄到了共军手里，这可是失职啊，不过也不要紧，要不了多久，谢文东也会和你见面，到那时你再把你长官的意思和他当面说清吧。"在场的众人都大笑起来。

部队在随后的搜山行动中，意外地发现了一个火车头，团长叫杨子荣找来一个火车司机把车头检查了一下，车头是完好的。团长喜出望外，连忙命令部队准备给火车头上水，清理轨道。火车司机却说火车开不了，因为铁轨是宽轨的。团长又把全连都拉上，花了几天工夫把火车道改成窄轨，一直改到牡丹江。火车响了，山民们带着山货到牡丹江换回了米面布匹，换回了新生活的希望。

抗击顽匪

（1946）

→ 收降吴二虎

★★★★★

（29 岁）

1946 年 4 月 18 日，我军主力在四平阻击国民党军队的进攻，牡丹江一带的土匪活动猖獗。

5 月初，国民党东北挺进军上校团长王枝林派特务混进了东宁县城，策动保安队叛乱，又里应外合，攻占东宁县城，杀害我多名干部，继而攻占绥芬河和绥阳，并扩增匪部达两千多人，王枝林也由上校团长升为少将旅长。5 月 17 日，王枝林又率匪部沿滨绥铁路向北推进，直奔马桥河、穆棱，逼近牡丹江。所过之处烧杀抢掠，无恶不作，人民群众苦不堪言。

面对此种情况，我军区首长决定组织

东路剿匪战斗。杨子荣跟着东进部队攻下穆棱、马桥河、细鳞河，解放了绥阳，直打到了中苏边界的绥芬河。杨子荣的侦察班不断报告着土匪的行踪，部队根据他们的报告取得节节胜利，进攻的矛头直指向东宁。

随后，部队兵分两路，其中一路从正面进攻东宁，另一路则由绥芬河向西南迂回，切断匪徒南逃的退路。这条路是一条大山沟，沟里有一条公路，沿途九十多公里都没有人家。团长命令杨子荣带侦察班走山沟边的小道，保证部队侧翼安全。部队在行进过程中遭到了埋伏，虽然很快便将敌人击溃，杨子荣却深感自责，认为是自己的工作没做好，于是向团长建议，让侦察班直插东宁，查明敌情后，再向东宁城南接应部队。团长同意了，杨子荣带着侦察班直朝东宁插过去。而王团长也考虑到敌军可能已有准备，于是将部队又分作两路，一路顺公路推进，另一路则继续往南，插到老黑山通东宁的公路上，再往北打。第二天中午，我军截获了敌人的一批给养，正考虑如何处置的时候，杨子荣从黑暗中钻了出来，将探明的情况跟王主任作了汇报，他说土匪都集中在城北山上，准备阻击我军的攻城部队，城中的守军只有一个保安队，人数不超过一百人。杨子荣建议利用截获的这几辆给养车混进城里，趁虚而入，拿下东宁城，断了敌人的后路，再去打北山。王主任迟疑了一下，认为等报告团部的人回来便可能错失良机，便同意了杨子荣的建议，叫人换上俘虏的衣服，分别去进攻保安队、县衙和监狱。杨子荣和侦察班的战士也换上衣服，上了一辆车。开车的司机是匪兵，在杨子荣的威吓下，十分听话地将车开进了东宁城。城里的士兵毫无准备，束手就擒，进城的部队迅速解放了被关进监狱的同志，又在侦察员的带领下迅速拿下了各个城门，完全控制了东宁城。率主力稍后赶到的王团长见部队神不知鬼不觉地拿下了东宁城，也十分高兴。进城的大部队稍事休息，拂晓时向北山匪徒发起了进攻。匪徒们将注意力全放在北边，冷不防背后杀出一支部队，才知道东宁失守，方寸大乱，惊慌失措之下胡乱打了一阵，仓皇向南北两个方向逃去。我军分头追击。几个日夜后，南路追兵活捉了七十多个匪徒，北路追兵则活捉了惯匪吴二虎，打死了吴三虎，吴大虎则率百余人逃进了山里。

部队进驻了大渡川。

团长亲自提审吴二虎。吴二虎兵败被俘，锐气全失，垂头丧气，十分配合八路军的审问。他无论如何也想不通，八路军是如何神不知鬼不觉地拿下东宁城的，对此表示佩服。

团长见吴二虎似有悔意，便想放他出去，让他劝降吴大虎。

杨子荣去找团长，说要借吴二虎半天，团长笑着答应了。

杨子荣找这个惯匪做什么呢？原来杨子荣是个有心人，

他知道自己迟早要和土匪面对面打交道，所以一定要将土匪的黑话学得纯熟。

早年在东北的时候，杨子荣是学过一些的，于是他的问题也问得很到位。在一间小屋子里，杨子荣和吴二虎的对话神秘又有趣。

杨子荣将右手拇指与食指围成一个圈，其他三个手指伸着，问吴二虎："这是什么意思？"

吴二虎笑了："这是在家里的手势，意思是三老四少。"

杨子荣摘下帽子仰放在桌子上："这样呢？"

"这就是说请给我吃的喝的，要东西的意思。"

杨子荣又把帽子扣到桌子上。

"这是说今天不走了，在这里住。"

杨子荣见吴二虎说的这些暗号与自己知道的相符，暗暗高兴。又问："'什么人，到哪去'，怎么讲？"

"蘑菇，溜哪路，什么价？"

杨子荣说："找同行。"

吴二虎摸摸右腮，用食指按着鼻尖道："嘿！想啥来啥，想吃奶，就来了妈妈，想娘家的人，小孩他舅舅就来啦！"

杨子荣一边听一边在小折子上做记录，写完了又抬头问道："'谁引导你到这里来'怎么说？"

吴二虎说："哂哒？哂哒？"

杨子荣问："是个道人？"

"一座玲珑塔，面向清带，背靠沙。"

杨子荣问了很多黑话，最后又问起了吴二虎的家世、地盘和队伍。吴二虎痛快地一一作了回答，最后，笑着问："怎么，老总还想真干吗？"

杨子荣大笑道："需要真干的时候我一定真干！"

吴二虎敛住笑容，仔细打量着面前这个面容清癯胡子拉碴的共军。

团长王敬之让人杀了只鸡招待吴二虎，随后就把他放走了。几天后，吴二虎就带着哥哥下山来了，带着一百来人，扛着机枪和弹药。

吴家三虎一死一俘一降，王枝林不知去向，这股匪徒就只剩下一个营，在江开山——人称"江左撇子"惯匪的带领下逃进了深山。团里经过商量，觉得由杨子荣跟着王日轩主任押送俘虏回东宁，王团长则带着部队追击江开山。

杨子荣头天跟着王日轩主任走，第二天一早却又出现在了王敬之团长的门外，团长吃了一惊，杨子荣却说他抓了三个俘虏回来。

原来头一天晚上押着俘虏到了东宁后，杨子荣很担心王团长这边的情况，便连夜赶回来，王日轩主任几次挽留都没有留住。回来的路上遇到大雨，多少耽搁了一些，回到大渡川的时候，部队已经走了，杨子荣连忙追来。路过铁路见一个扳道岔的小房，杨子荣想去躲躲雨，但又警觉地想到房子里会不会有土匪呢？于是拔出枪轻手轻脚地靠了过去，结果，屋子里真的有几个人在说话，而且听来就是土匪。杨子荣想，自己一个人，走了自然最省事，可未免太不甘心，但是捉又怕捉不到，怎么办呢？

眼看雨渐渐小了，土匪们似乎想出来，杨子荣头上冒出细细的汗珠。

忽然，杨子荣想起他们的谈话，"活命要紧……""人不人鬼不鬼的……""共军在身后追得那么紧……"这伙土匪不但怕死，而且是一群惊弓之鸟，何不利用这一点，虚张声势，先吓倒他们，再加以制服。

想到这里，杨子荣端着枪侧身站到门边，大喝一声："不许动，我们是民主联军，你们被包围了，缴枪不杀！"

里边的土匪还没缓过神儿来，杨子荣又大喊："二班堵住窗户，三班准备好手榴弹，不缴枪就甩！"

里边的土匪急了，赶忙喊道："别甩手榴弹，别甩手榴弹，我们缴枪，我们缴枪！"

杨子荣问："你们几个人？"

"三个。"

杨子荣心里有了底，让他们把枪扔出来，接着又让他们把匕首也扔出来。屋子里的土匪乖乖照做，杨子荣用脚把扔出来的枪和匕首勾到一边，又对屋里喊道："爬着出来一个，手不准离地！"

一个土匪手脚并用爬出门来，杨子荣不让他抬头，又叫另一个爬出来，土匪们爬出来都不敢动一动，最后一个爬出来后，杨子荣命令土匪们解下绑腿，把前两个爬出来的给捆起来，土匪们也不知道身边有多少共军，只见到一支枪正对着他，忙不迭地把两个兄弟捆了个结结实实。杨子荣又让这个土匪自己趴到地上，自己把他捆起来，将三个人连成一串，把三支枪的枪栓卸下来，装到兜里，空枪挂在土匪的脖子上，匕首则自己插好，收拾停当后，杨子荣命令三个土匪顺着铁路走，自己则提着枪跟在后面，直走到绥阳。一路上，杨子荣将江开山的去向问得清楚，那伙惯匪朝老蔡营子逃去了。

王团长在地图上并没有找到老蔡营子这个地方，想叫杨子荣看看，却见杨子荣已经趴在桌上睡着了，手里还抓着半个窝窝头。王团长心里一阵感动，这一昼夜，杨子荣竟跑了近百里路，难怪累得吃着饭就睡着了。他让参谋警卫都退出去，想让杨子荣多睡一会儿，谁知道大家刚出去杨子荣就醒了，王团长就把他赶回去让他又睡了一会儿。

王团长跟大伙儿走到街上，谈起杨子荣，不由感叹道："这个人就是个拼命三郎转世！不给他点儿厉害的，他能给你好好睡觉？一口一个任务，跟你软磨硬泡没完没了的。"大家想起平日对杨子荣的了解，都觉得团长说得很形象，一股敬佩之情在大家心头油然升起。

在街上跟老人打听后，总算弄清了老蔡营子的所在，那是伪满时期"归屯并户"建立起来的一个"集团部落"，在离细鳞河六七十里的深山里，鬼子在的时候里面住过一个山林纠察队。

打听清了老蔡营子的所在，王团长回到团部与参谋合计了一下，决定白天先不行动，让部队养足精神，趁夜出发。

天黑后，部队悄悄出发，沿着铁路向西北开进，后半夜到了河西屯，这里离老蔡营子还有六十来里。团长命令封锁消息，让部队秘密驻扎下来。

吃过午饭，王团长让杨子荣带一个侦察员，找个向导到老蔡营子实地侦察一下。他特别交代，让杨子荣他们在离老蔡营子二十来里的地方停下，等天黑后进去。杨子荣高兴地答应了，带着侦察员和找来的向导就出发了。

在距离老蔡营子二十里的地方，杨子荣按照指示停下了，等到天黑才又继续前进。摸黑走了一段路，看到路边一棵大树，杨子荣估计时间已经是晚上10点，便问向导离老蔡营子还有多远，向导说也就二三里地了。杨子荣让侦察员和向导在大树边等着，自己来到村边，先绕着屯子转了一圈，见屯子四周都是两丈来高的围墙，四角上也筑着高大的炮楼，围子的南北各有一个卡门，有岗哨。东西没有门，但东围墙上有一个大豁口。杨子荣轻手轻脚地趴到豁口处，探头向屯里看去，只见屯里有三排民房，整整齐齐的，都点着灯。杨子荣见四周没人，便翻身进去，贴着墙根往北走。这时，身后传来踢踢踏踏的脚步声，杨子荣立刻闪身到了暗处，将身子贴在墙上。一个土匪背着枪走了过去，进到东北角的民房里。杨子荣屏气听着，听到屋里传来"起来起来、换岗啦"的声音，接着屋里走出来五个人，背着枪，朝刚才土匪来的方向走去。杨子荣等那几个土匪走远，见四下没人，便也蹑着脚尖朝东北角的房子走去。小心翼翼地推开门，杨子荣见一铺大炕，半截空着，半截睡着人。杨子荣胆子很大，竟然大步走过去，朝边上一个土匪推了推，口中说着"起来起来，站岗了！"土匪迷迷糊糊地起来，弯下身子去穿鞋。杨子荣连忙退出门，见土匪背枪出来，便扭过头去，在前边走着，土匪也迷迷糊糊地跟着。来到豁口处，杨子荣放慢了脚步，看清周围没有人，杨子荣等到土匪到他身后，忽然一个转身，将匣子枪顶到土匪胸前，嘴里低声喝道："别出声！出声打死你！"土匪吓得魂飞魄散，自然不敢出声。杨子荣让他放下枪他便放下枪，让他爬豁子他便爬豁子，杨子荣背着他的枪翻过墙，勒令他往前走，直走到与侦察员和向导会合的大树下。然后他们迅速往河西村奔去。

　　早上八点多，杨子荣一行四人到了营地。见杨子荣抓了个活的回来，团长王敬之喜出望外。杨子荣汇报说，一路上，情况都问清楚了，老蔡营子住着的确实是江左撇子一伙儿土匪，号称有三个连，实际上只有两百多人，有三挺

△ 国民党的炮楼

轻机枪。

团长当即决定夜里展开行动，他亲率两个连，轻装奔袭江开山一伙。下午四点多的时候，王团长下令开饭，饭后部队整队出发。杨子荣也想去，团长想他已经跑了一百二十多里地，便让他在家休息。杨子荣出人意料地没有软磨硬泡，答应留下来休息。

一夜急行军，拂晓前到了老蔡营子附近三四里的地方，正准备让部队展开，前面竟传来枪响。王团长立刻站到树后，心想这是什么情况，莫非敌人有埋伏？正琢磨着，杨子荣忽然出现在他面前，还带着一个俘虏。不等王团长询问，杨子荣就报告道："团长，我刚抓了一个俘虏，是江左撇子的亲信副官，情况问清楚了，原来敌人发现少了一个人，怕我们追来，也在天亮前转移，不想和咱们遭遇上了，打了起来，枪声一响，敌人便散到林子里去了，我趁乱把这家伙抓了来。"

王团长闻言着急地说道："敌人散了可就不好打了！"

杨子荣凑到团长面前提了一个建议，王团长闻言大喜，立刻指示照办。

于是，团长让队伍围成一个三四亩地那么大的口袋，干部战士都趴在地上，一声不出，然后杨子荣用枪逼着江左撇子的副官喊话："弟兄们，是自己打误会啦，江大队长在这里，快到这里来集合！"接连喊了几遍，匪徒们果然从四面八方聚拢过来，三三两两，陆陆续续。这下可好，一进埋伏圈，有一个捉一个，有一双捉一双，最后连江左撇子自己也来了，稀里糊涂地做了俘虏。

天亮了，二团没放一枪，顺利地捉了江左撇子一个营的一百二十三个俘虏，消灭了王枝林匪部的最后一个营。王敬之团长见捉到了江左撇子，高兴极了，但又看到杨子荣，便想起让他休息的事儿，杨子荣被团长一问，笑着说："队伍在前面打仗，我在家睡得着觉吗？我觉得，你跟前没有我，好像不行似的，这不，我就跟来了嘛！"王团长既高兴又感动，的确，没有杨子荣，这场仗真不知道打成什么样呢。可又很心疼他，杨子荣已经两天两夜没好好睡觉了，接连跑了近二百里的路啊！

回到营地，王团长要杨子荣把活捉江左撇子的经过说说，好给他整个材料、请个功！

杨子荣连忙推辞："这有什么呀，不就跟站班岗一样！"

王敬之心里热乎乎的，杨子荣绝不虚伪，他总是不厌其烦地汇报其他同志的成绩，却对自己的功劳只字不提。

"就跟站班岗一样……"王敬之轻轻重复着、回味着，这边杨子荣见团长没什么事儿了，敬个礼就出去了。

→ 截击马喜山

★★★★★

（29岁）

部队才回河西就接到紧急命令，让二团火速返回海林，说马喜山匪帮又重聚了起来，被我军一团围剿后，向北逃窜，可能要过铁路，逃往北边，让二团前去阻击。

战士们坐火车返回海林，一路上都围着杨子荣让他讲笑话。杨子荣讲了两个，逗得大家一片欢笑。中途虽然遇到有土匪拔了道钉，颠覆了列车，但首长们都没受伤，杨子荣扔了颗手榴弹炸死了敌人的机枪手，敌人便慌忙逃窜了。部队缴了十几支步枪，见杨子荣乐呵呵地扛了个机枪回来了，都忍不住逗他。

经检查，火车受的损伤很小，团领导

迅速组织部队把被弄翻的车厢扶起来。忙活了一阵子，小火车又立在了铁轨上，徐徐开起来。

回到海林，王团长便对作战参谋陈庆说，要他带杨子荣和四个侦察员去新安镇一趟，那里有二营的营部，还有一个区中队。有干部反映，区中队有可能被马喜山的人策反，要发生叛乱。

陈庆、杨子荣等人立刻出发，临行前，团长又特别叮嘱他们，一定要注意安全，别叫土匪给摸了，已有同志被土匪打成重伤，要他们务必要警觉一些。

他们答应着，当天便赶到了新安镇，新安镇是土地改革的试点区，也曾是马喜山匪部活跃的老窝，无论社情还是敌情都很复杂。通过二营副指导员戴朝荣的介绍，陈庆、杨子荣他们大致了解了情况。原来，新安镇区中队的人大部分是沙兰站附近的，收编的时候，就有不少人和土匪有关联。自马喜山匪部又在这里出现，区中队的人就想闹事，营里为了掌握他们的动向，派了排长刘田夫到区中队当副指导员。陈庆让人把刘田夫找来，刘田夫经过在区中队的深入，掌握了许多情况。他介绍说，现在最危险的分子就是张安邦，不制住他，中队很有可能哗变。陈庆嘱咐刘田夫回到中队里要提高警惕，又增加了二营的岗哨。杨子荣待陈庆安排妥当后，领着侦察员到街上去，把镇里镇外看了个遍，街道路口都默默地记在心里。入夜，陈庆等人睡在了炕上，杨子荣心里隐隐有些不安，他借口天热，睡到了锅台边的长条桌上，临睡前又把枪重新检查了一遍。

杨子荣的预感是准确的。这一夜，正是张安邦和马匪约定里应外合袭击二营、拉人叛变的日子。陈庆和杨子荣的到来加上刘田夫到营部去，都让张安邦心绪不宁、坐立不安。不等到半夜约定的时候，张安邦决定提前行动，先下手为强。

深夜，匪徒扑向刘田夫的住处和二营营部，在刘田夫反抗的过程中，匪徒的枪走了火，警觉的杨子荣立刻醒了，摸出枪，闪出门去。门外人影幢幢，杨子荣高喊口令，没人回答，杨子荣便一梭子射了出去。匪徒见偷袭不成，也开始还击，枪声响成一片。屋里的陈庆和戴朝荣听到枪声，连忙从后窗跳出，二营的干部战士也都赶来参战。此时，马喜山匪部二百余人已集结在海浪河南岸的海城屯，听到新安镇里响枪，知道事情不顺，又怕中了埋伏，不敢妄动，只是远远地看着，没有赶来接应。激战了一个多小时，张安邦左等右等不见援军，心知事情不妙，忙率部向南退去。杨子荣追出来的时候，叛匪已经跑远了，只留下几个伤兵，被杨子荣等人提审，很快便吐露了叛匪的计划。

知道马喜山离这里并不远，杨子荣赶紧建议派人给团里送信，派部队来围剿。陈庆一面让杨子荣派侦察兵回团部报信，一面和杨子荣商量，马喜山的人马肯定不少，只有二营的人马只怕对付不了，不如韬光养晦，等待援军，也避免把马喜山给吓跑了。杨子荣是坐不住的，他让陈庆等人在新安镇守着，自己带人追击马喜山，有了情况好来报告。陈庆同意了，杨子荣便带着三个侦察兵向叛匪逃离的方向追去。

到了海浪河边，见叛匪踪迹全无，断定他们已经过了河，也连忙蹚过河去。河对岸有个村庄，宁静而平和，不像有匪徒的样子。杨子荣他们决定进村看看。才进村，便碰到了当地的妇联主任郎玉坤，杨子荣跟她打听土匪的情况，郎玉坤说，村子里肯定有跟土匪勾结的人，但并不肯定是谁，大家都在传言，说马喜山匪帮要过来。杨子荣一听，打算先在村子里落脚，再到周围山里去找他们。郎玉坤热情地留他们住在自己家。杨子荣就在郎玉坤家住了一天一宿，分别找农会、民兵干部等了解情况。第二天一早，杨子荣算算时间，估计团里已经接到报告了，可自己还没有找到匪帮的位置，不由有些心急，赶早便进山搜寻去了。天黑后回来，郎玉坤焦急地告诉他们，今天土匪进村了，有二十来人，把前段时间投诚的土匪张大胡子给杀了，留下话，说是给八路说话办事，张大胡子就是下场。村干部们现在都人心惶惶的。

杨子荣当即断定晚上不能住在郎玉坤家了，否则会连累郎玉坤一家。可是他们能住在哪儿呢？杨子荣胸有成竹地带着手下的侦察兵敲开了家礼教耆宿毛子李的家门。家礼教是牡丹江一带的大教，许多匪徒都是家礼教的教徒，家礼教摆香坛，讲辈分，毛子李的辈分奇高，连谢文东、马喜山都不敢得罪他。而毛子李对共产党是存有好感的。

进了屋，毛子李见是四个带着枪的八路，不由吃了一惊。杨子荣不慌不忙，右手拇指和食指圈着，其它三个指头伸着，拱手敬礼。毛子李见状，也用同样的手势还了礼，接着把众人让进了堂屋。

杨子荣在太师椅上坐定后，把帽子摘下来，仰放到八仙桌上，毛子李微微一笑，吩咐家人看茶备饭。杨子荣又把帽子扣到桌子上，嘴里客气道："搅扰长辈了！"

毛子李知道杨子荣有话要说，也没说话，只定定地看着杨子荣。

杨子荣也不去客套寒暄，直入正题道："我等四人奉命追剿土匪，来到贵村，唯恐土匪夜袭，欲借前辈虎威，暂住一宿，不知前辈容否？"

毛子李没有答他，只伸手摸着胡须。

杨子荣接着说："闻前辈德高望重，威加四方，连'满洲国'、日本人都不敢冒犯。"

毛子李微微一笑，谦道："言过其实，言过其实。"

杨子荣见高帽有效，便接连戴上去："我等还听闻前辈深明大义、嫉恶如仇，乐善好施、扶贫济困，实在是钦佩之极。"

毛子李继续谦道："过奖过奖，老夫愧不敢当。"

杨子荣还要开口，毛子李伸手将话头打住，说道："贵军的主张我也略知一二，均为国为民之所为，老夫钦佩不已，若举国上下皆为同志，何愁中华不强？"不待杨子荣说话，毛子李便答应道："尔等今晚尽可放心留住寒舍，老夫陪你们一同就寝。"

杨子荣等人大喜过望，连忙道谢。

吃过饭，毛子李把杨子荣等人领到自己睡觉的炕上，安排他们睡下，然后自己端坐炕上，就着烛光看起书来。

半夜，土匪果然进村来找杨子荣他们了。他们先去了郎玉坤家，见屋子里只有郎玉坤一家三口睡觉，便悄悄退出院子，在村子里乱找。见毛子李家亮着灯，便跳过墙，来到窗外，看到杨子荣等人正在炕上睡觉，就把枪举了起来。毛子李听得动静，抬起头，瞪起眼睛，干咳了一声。土匪头目看见毛子李，自然不敢让匪兵们开枪，隔着窗子向毛子李施了一礼，带人离去。杨子荣等人睡到天亮，早起谢过毛子李，告辞出来。

到了郎玉坤家，几个人讲了讲昨晚的经历，在杨子荣的提议下，一条诱敌出笼的计策成熟起来。

到了上午，南河沿村的村维持会长敲着锣满村吆喝，要村民们集合开会。村民不知什么事，都去开会了。农会主席大声宣布要进行土地改革，要到财主家查浮财挖宝。许多人想到张大胡子的下场，心里有些害怕，便不想去，可是会场周围都被民兵看住了，谁也溜不走，只好跟着去了。于是，全村几百人的浩大队伍就这样将村里的三户财主家清查一番，搜出来

△ 牡丹江旧照

的财宝被摆在街上，村干部登记的登记，分配的分配，忙得不亦乐乎。村民们有的欢天喜地抱着东西走了，有的不敢要，民兵便给送到家里去，直到太阳下了山，分配还没有结束。

杨子荣悄悄将一个侦察员叫到一边，嘱咐了几句，侦察员点点头便走了。他先出村向南走了十里地，又折向西边，又往北走去。

半夜，马喜山匪帮的二三百人从南面的山里冲出来，骑着马扑向南河沿村。才到村西，就听见一声枪响，紧接着机枪步枪一齐响起，如暴风骤雨扑向群匪。匪首叫了声不好，心知中了埋伏，赶紧叫匪群撤退。匪群们赶紧上马，狂奔出包围圈，朝南面山里逃窜，有的不及上马被打死了，有的干脆举着枪投降了。战斗很快结束了，虽然打死了几十个匪徒，可大股敌人还是跑了，王团长命令部队快速追击。杨子荣沿着马蹄印一路追下去，过了一道梁又一道梁，到了天亮还没有追上匪徒。趁着部队休息，王团长让杨子荣去一个叫十六道梁子的地方，那里最有可能藏匿敌人。杨子荣带了两个侦察员，骑着部队首长的马，一路风驰电掣，到了离十六道梁子四五里的地方，杨子荣三人下马登上一个高坡观察，见村子里户户都冒着炊烟，便觉得匪徒可能藏在这儿。杨子荣让两个侦察员带着马等在这里，自己换上粗布衣裳，摇摇晃晃地下了山。

躲开卡子，翻过不高的围墙，他三两步就上了道，瞥见水井旁放着水桶和扁担，杨子荣便拎了起来，用扁担勾着打了两桶水，专门往有匪兵的地方挑。匪兵们忙着做饭，见有人挑水过来，以为是送水的，还招呼杨子荣过来倒水。就这样，杨子荣挑水倒水，一趟一趟的，从南到北，将大街小巷转了个遍。从拴在外面的马匹看来，匪徒大概还有 200 人，都集中在村东的一个院子里，那里进出的匪徒最多，还有五六个院子里堆着机枪。杨子荣将一切看在眼里记在心上。他还趁着挑水的机会和一个上了岁数的匪徒套近乎，匪徒话里漏出的"马司令这回没捡着便宜"让杨子荣心里更有底了。他挑着水桶回到井边，见四下无人，赶快翻出墙去，回到拴马的地方，骑马就往回赶。

王团长听了杨子荣的报告，命令部队立即出发，可惜他们到的时候，匪徒已经离开了那里，开进了深山。战士们都很失落，王团长开导他们："咱们这回虽然没打着他，可阻击他们过铁路、逃往北面大山的任务还是完成了，马喜山跑不了，他早晚是咱们盘子里的菜！"

王团长大概也没料到自己会一语成谶，马喜山被逼得在镜泊湖边待不住，便跑到了吉林，投靠了国民党，1948 年的时候，在长春外围被我军独立八师三团抓获，那正是牡丹江军区新一团。马喜山被押回牡丹江，在宁安公审后被枪决。

在近半年的清剿中，牡丹江地区的大股土匪都被剿灭，剩下的小股土匪全都藏起了形迹，随着土地改革的深入，农会和民兵等组织的健全，土匪们赖以生存的物质基础被摧垮，只能躲在深山里苟延残喘。动荡的局势开始稳定起来，随着滨绥、图佳铁路畅通，北满、南满根据地连成了一片。

→ 侦察排长

★ ★ ★ ★ ★

（29 岁）

5 月 18 日，我军在四平战场上撤退，国民党军叫嚣一时，6 月初在拉法新站遭到我民主联军打击后，才被迫在第二松花江以南收兵。

我军抓紧这一时机建设根据地，扩建部队。7 月，第二支队番号取消，与牡丹江军区机关合编，支队的一团二团被编为军区独立一团、独立二团。杨子荣也因此当上了侦察排长。

为保证主力部队作战，东北局指示地方部队的给养由自己生产供给。二团完成阻击马喜山北逃的任务后，于 7 月初返回海林，组织生产供给。很快，队伍开进了深山伐木，就近垦坡开荒。小火车也拉着木材进城去了。庄稼长得茂盛，团首长还派人到朝鲜找老战友要来一车盐，到哈尔滨卖了不少钱，全体战士都穿上了棉衣棉裤，穿上了自制的皮棉鞋，还发了皮大衣、皮帽子、皮手套，连机枪都有皮套子。

八路军开展生产，土匪们却不会老老实实地待着，他们会想方设法破坏革命。一次，团长王敬之带了八个人去布置陨石的事儿，他们坐的是闷罐车，车上还载了二百多老百姓。火车开到磨刀石的时候，翻在了路基上，又是土匪搞的鬼！王团长气得带着几名士兵迎击，让另外几个人带着老百姓转移，这八个人见东南方没有枪声，便带着群众向东南方撤，谁知道正好进了土匪的包围圈，土匪们丧心病狂地拿机枪扫射，人们纷纷倒下。等到王团长赶过来的时候，他带的八个人和二百多名乡亲几乎全部遇难。杨子荣随部队赶到的时候，被眼前的惨状惊呆了，漫山遍野都是横躺竖卧的尸体，小溪里的水都被血给染红了。战士们含着泪把尸体抬到路边，鸣枪致哀。

他们红了眼，发誓要消灭这伙土匪，为死难烈士和乡亲们报仇！

此后，他们长久地穿梭在深山老林中，只为寻找一伙叫做九彪的土匪！

这是一伙非常狡猾的土匪。九彪，本名刘亚杰，民国初年从山东临沂搬来这一带，三年后做了土匪，为祸至今，纠集匪众有数百人，横行于牡丹江和下城子之间。关于他的传闻很多，据说他熟悉山村，出没无常，听到山鸟的叫声就知道那个方向来了多少人，不用向导，不走村屯，能从海参崴走到哈尔滨。这是一个地地道道的惯匪。日本投降后，他投靠了国民党，被委任为先遣军第九旅旅长。

杨子荣带着人在林海中转了一天又一天，王团长亲自带着队伍在后边跟进。可是，一天天过去了，始终没有进展，一天，杨子荣他们遇到了一位采参、狩猎的老人，经老人指点，他们找到了土匪的窝点，可惜扑了空。他们还遇到过匪兵，但不是死了就是逃了。三番几次，他们钻过密营，那里有铺盖、有大米，就是没有人，也去过宁安附近的山里，那里有营地，还是没有人。他们一次次追剿，一次次扑空，士气非常低落，就连杨子荣都不断地责备自己，他认为自己作为侦察排的排长，找不到敌人是他这个排长当得不够好。

为了鼓舞士气，团里决定，要发动全团，自下往上选战斗模范，这样肯定能把全团的士气给鼓舞起来。

于是，部队上下都进行着战斗总结，很快，

11 名战斗模范选出来了，杨子荣高登榜首。10 月 1 日，全团都集合在海林西边的小广场上，老百姓也都围着看热闹，团首长亲自给战斗模范带大红花。杨子荣第一个被叫上台去，广场上响起了热烈的掌声，有人叫杨子荣讲几句，杨子荣却红着脸不知该说什么。团首长鼓励他讲，杨子荣憋了一会儿才说："大家这么看得起我，我杨子荣脸上发烧。心里有话一下子也不会说了，反正我一定好好干，多打好仗来回报大家。"杨子荣忽然振臂高呼："坚决剿灭土匪！"

几千只手跟着举了起来："坚决剿灭土匪！"

"为死难烈士报仇！"杨子荣大喊。

全场都在呼应他："为死难烈士报仇！"

会后，许多连队都邀请杨子荣去给讲讲战斗经验，杨子荣苦笑着不知如何是好，还是团长给他解了围。

模范表彰会开过不久，军区又来了命令，说九彪股匪在东宁一带出现，让二团即刻出发清剿。团首长立刻带着四个连坐火车直奔东宁。杨子荣听到消息，恨不能肋下生出双翅，可以立刻赶去。

部队到达绥阳后，又南下金场，据当地民兵的情报，土匪驻扎在沙河子。团长政委决定亲自带队，奔赴沙河子。

这股土匪是异常狡猾的，他们安排的探子发现了二团的行动，先去沙河密报了土匪。土匪早早做好埋伏，在二团赶到沙河子后，猛烈开火，二团一下子牺牲了四十多名同志。

杨子荣急红了眼，带着侦察班打开了一个缺口冲进去，捉了一个土匪营长回来，将他枪毙在死难烈士面前。土匪们又打了一阵子，仓皇逃去。王团长带着一营长、杨子荣等人继续赶往鸡西，在中苏边境的密林中继续搜索，日行达 120 公里。

一日，杨子荣他们顺着铁路来到了道河，杨子荣带人进山，在一个小窝棚里碰到了自称"赶山"的人。见他一瘸一拐的，杨子荣便问他的腿怎么了，那人说是野兽咬的。杨子荣诈他："八成是枪打的吧！"那人闻言脸色大变。杨子荣要给他包扎伤口，这人知道瞒不住，便掏出匕首向杨子荣刺来。杨子荣反将他劈倒在地，侦察员们一扑而上，将他捆绑起来，押到了道河，交给团长。这人口中骂骂咧咧，不承认自己是土匪，说八路军随便捆老百姓。房东大爷听到吵嚷声，过来一看，登时认出了这人。他将杨子荣叫到屋外，告诉他，这个人叫丁五，是个土匪（抗联叛徒），在日伪时做过特务，曾用大斧子在一个窝棚里，一次就杀死五名同志。

杨子荣听罢，心头火起，进屋与团长耳语

几句，团长当即说破了丁五的身份。丁五见身份败露，索性一言不发，急得一名战士上去就给了他一棍子。他仍旧一声不吭。这时，一群手持棍棒的百姓拥了进来，将丁五拖出去打，房东大爷解释道，这都是被丁五害过的人家的，知道了丁五身份，就过来了。团长点点头，怕百姓把丁五打死，忙叫侦察兵到屋外看着，等侦察兵分开愤怒的百姓，见到丁五已经断了气。杨子荣虽然有些遗憾，没能问出更多的事儿，但看到百姓们解了气，也就不说什么了。团长看到丁五的尸体，说，"这是人民的判决！"杨子荣一扬头，说："我们再去逮！"

他又领着人出发了。在东宁的山里，他捉住了刘大愣子；在老黑山，他捉住了一撮毛。但是，他们始终没有捉住九彪。

天冷了，杨子荣带着小分队返回了海林。

莽原哀歌

（1946—1947）

→ 围堵谢文东

★★★★★

（29岁）

　　下雪的时候，杨子荣想起了以前的生活，他想到目前，想到作为一个侦察排长的职责，他觉得应该把自己的经验交给战士们，让他排里的每一个人都可以成为"杨子荣"，于是他开始回想在侦察过程中收获的经验及在审讯俘虏中摸索出的规律，他每天晚上都趴在灯下写啊写啊，写了满满一个折子。一天黄昏，侦察排的人都挤到了杨子荣的屋子，听他讲他的经验。

　　"因为刨冰不能解决吃水困难，所以匪窝多设在有暖泉的地方，多半选在阳坡的山腰上。

　　"认定一个固定的脚印，不要轻易放过，匪徒可能好多人踩一个脚印，要不就乱踩脚印，中途倒穿鞋走路。

"树高林密，容易迷失方向，土匪经常在走道两旁的树上砍印记作路标，只要发觉树印儿高低、距离、形象差不多，即是树道。

"清晨做饭的时候，烟随着树干往上升，可以登上山顶或大树观察，二十里地外都看得见，烧的树木若油性大，气味在十里路上下都可以闻出来。"

杨子荣一下子说了十多条，有的战士也忍不住补充，有的说："进山的时候，一定别忘了带火种！"有的说："我是本地人，我们这里的人要是进山冻伤了脚，可都是用雪搓的，千万不能拿热水烫，那会把脚毁了的！"

杨子荣微笑着鼓励大家都来说，屋子里的气氛越来越热烈，团长不知什么时候进来的，就坐在一边，看着这般生龙活虎的战士，心想，这群兵让杨子荣带得真好！

眼见天色不早，大家也说得差不多了，团长这才插话，大家发现团长在这儿都很惊奇，团长表扬了大家的积极性，并让杨子荣把他们的谈话聚拢一下，有时间给干部们开个会说说。杨子荣本想推辞，可团长不允，他只好答应下来。

一天夜里，团长被一份紧急电报叫醒。是军区司令送来的！

王团长看完命令，签了字，叫通讯员把杨子荣叫来。

杨子荣很快就来了。团长对杨子荣说，军区来了命令，谢文东在佳木斯那边被三五九旅赶过来了，可能想往南跑，到吉林去投国民党正规军，命令咱们团往北去阻击，你带一个侦察班走前面，顺铁路往北搜，我和政委马上安排部队，随后就来。

杨子荣一听这任务，立刻精神抖擞，干脆地回答了"是"，敬个礼就走了。

部队沿着铁路往北搜了二百多里，到了刁翎。

杨子荣带着侦察班来报告，说谢文东在前一天从刁翎过去了。

杨子荣想出了个主意："谢文东是想往吉林去，必定从牡丹江西边往南走，在山市南边有一个黑石碴子，那是通往吉林的必经之路。他钻山林走不了多快，咱们赶紧返回去，到黑石碴子那里去阻击他。"

作战参谋陈庆同意杨子荣的意见，团长即刻下令部队赶往黑石碴子。

部队一天一夜急行军三四百里，到了海林西边的山市，又急行军赶到了黑石碴子。黑石碴子有一个山口，一边一个山头，团长在两个山头各放了一个连队，埋伏在雪地里，等着谢文东过来。

战士们在风雪里等了三个多小时，也不见敌人过来，团长看雪大风疾的，有些心疼战士，便叫人撤下来，到村子里去。可还没有烧开一壶水的工夫，放哨的士兵就看见有三十多匹大洋马队从村边过来。

哨兵刚一报告，战士们立刻跑向村边，向马队射击，十几匹马被射倒，其余的掉头就跑。死的死，伤的伤。

杨子荣率侦察班跑在前面，抓住一个受伤的匪兵。匪兵告诉杨子荣，谢文东就在后面。

杨子荣立刻把情况报告给团长，团长一听到谢文东就在后头，立刻来了劲头，命令部队追击。

这时，远处响起了枪声，二团的战士们赶紧跑过去看，等赶到的时候，发现另一支部队正在打扫战场，一问，是三五九旅的，谢文东已经被他们活捉（后于 1946 年 12 月 3 日在勃利公审处决）。

战士们都有些遗憾，杨子荣却不以为意，他笑着说："不管谁活捉的，反正都是八路军活捉的。"

团长也对侦察兵们说："你们排长说的对，只要谢文东没跑掉，咱们就是胜利。"

侦察兵们点点头。

团长又表扬了杨子荣，要侦察兵们好好跟

杨子荣学习，并说："要不是杨子荣判断谢文东从这里逃跑，说不定真的被他跑掉了。他说谢文东从这里跑，谢文东真的就从这里走。不容易啊！冰冻三尺，非一日之寒！"

杨子荣也不好意思起来。团长指着他手下的侦察兵说，你要把他们都给我带出来。杨子荣拍着胸脯做了保证。

年底的时候，部队开了诉苦大会，会上，战士们群情激昂，大家都饱受压迫，会后每个人都很激动，大家决定让杨子荣代表大伙儿写份决心书，给领导表表决心。杨子荣兴奋地找出纸笔，一条条记录下大家说的话。

深夜，警卫员来找杨子荣，新的任务来了。

牡丹江军区接到哈尔滨的电报，东宁西边一个叫靠山屯的地方，有土匪杀了三个群众，抢走了二百多斤粮食逃进山里，军区要立即派部队去剿灭这伙土匪。

军区让二团派出一个连。团长自己带队出发，让杨子荣带一个侦察班跟着。他们在绥阳下了火车，步行去东宁，又坐着爬犁赶往靠山屯。

山上的雪很大，战士们一不留神就陷进了雪坑里。杨子荣走在前面，循着一串脚印追踪。脚印忽然不见了，杨子荣正着急呢，谁知敌人自己心虚，先开了枪，战士们猛扑过去，发现竟有熟面孔吴二虎。

吴二虎逃得快，但杨子荣也捉了一个俘虏，在团长的亲自审问下，俘虏很快就招供了。战士们捣毁了匪巢，又搜了一阵子，便回去了。

杨子荣很关心脚印为什么忽然不见了，土匪告诉他，因为怕被人发现窝点，那个人是从树上爬过来的。

杨子荣想，自己的经验总结上，又该加上一条了。

→ 活捉座山雕

★★★★★

（30 岁）

1947 年冬天，天气格外寒冷，东北地区的斗争形势也分外严峻。国民党军东北保安司令长官杜聿明调集了精锐部队向我南满临江地区发动大举进攻，一时间，南满根据地只剩下临江、蒙江、长白、抚松四县。北满为策应南满部队保卫临江，于 1947 年 1 月冒着零下 40 度的严寒越过松花江作战。这是一场彻底扭转东北局势的较量，为补充主力部队，牡丹江军区独立一团奉命补入一纵队一师，当地就只留下二团剿匪。

剿匪的形势已经越来越严峻了，虽然大股的土匪都已被剿灭，可是二三十人一伙儿的股匪仍然存在，而且隐藏得更深，表现得更狡猾、更凶残。为了将他们彻底消灭，二团势必要作好同他们作更艰苦斗争的准备。

此时，土匪们的确更加狡猾了。九彪残匪已被围剿过五次，却还是没有彻底消灭，海林北部山区的一股土匪，二团进山搜剿了一个月，还是没有找到老巢。为了更好地消灭土匪，团里不仅开会讨论搜索小队的建制、武器、粮食等问题，还让杨子荣来给大家谈一谈经验。杨子荣认真整理了笔记，对大家知无不言，言无不尽，大家听了他的经验，都觉得长了见识，很佩服他。

会后，曲波还和杨子荣打赌化装易容，结果曲波输掉了一包糖。

大家很乐观地商量着剿匪的事情，因为他们相信，再狡猾的狐狸也斗不过猎人。

临近年根，海林县农会主席收到了一封信，这是一封土匪的恐吓信，要他在3日内交出二十件棉衣、十袋白面，送到胡家窝棚，不然就要他的脑袋。这封信很快就送到了海林县政委王希克手上。王希克非常重视，立刻找到二团团部，与团领导商议。经过大家的讨论分析，从要东西的数量来看，这股土匪人数不会太多，从交货的地点来看，土匪的老巢也不会太远，就在海林北部山区。

王团长当即判断出，这伙土匪极可能是号称"座山雕"的张乐山一股。

杨子荣和海林县的敌工部张部长也被找来，二人也同意团首长的分析。

座山雕一股是极狡猾的土匪，上次一个营在山里找了他一个月都没找到。张部长介绍说，座山雕，本名张乐山，原籍山东昌潍，幼年父母双亡，2岁随堂兄来到牡丹江，15岁进山当土匪，18岁便当上了匪首，至今已有57年的土匪生涯。历经了清末、张作霖、伪满三个时期，独霸一方，唯我独尊，人称座山雕。因他还是家礼教的长辈，能征善战，弹无虚发，老谋深算，诡计多端，在匪伙中颇有声望，被人尊为"三爷"。这个土匪非常懂得人的心理，恪守"兔子不吃窝边草"的古训，严令其治下匪徒不得骚扰临近农家，也很少伤害采伐、赶山的百姓，对一些登门求助者甚至解囊相助，他通过种种手段收买人心，因此眼线多、鼻子灵、耳朵长、消息灵通，一旦遇个风吹草动，总能迅速转移。张作霖曾经派兵追捕过他，没有伤他半根毫毛，伪满时期，他受任"讨伐队长"，但日寇很快发现其无意效忠自己，便打算除掉他。座山雕竟然大摇大摆地躲进牡丹江市日军警备司令部一个朋友的家里，在日寇眼皮底下逍逍遥遥、舒舒服服地过了一段日子。后来日军投降，座山雕表面上接受牡丹江军区的收编，但过了不久便接受国民党的委任，当上了"国民党东北先遣军第二纵队第二支队司令"。在第二支队到牡丹江之后，二团曾对这伙土匪进行过多次围剿，消灭了他大部分人马，现在他身边仅剩下二三十个亲信，都肯为他死心塌地地卖命，这伙人出没山林，劫掠百姓，杀害我党的干部，叫嚣着"宁在山头望监狱，不在监狱望山头"，一心等着国民党大军打来，至死不肯放下屠刀。

如何对付如此狡猾的敌人，大家着实犯了难。大部队进去吧，太容易暴露目标，而且此前已经失败过一次了；小部队进去吧，给养跟不上不说，搜索范围有限，也容易暴露目标，还没等你找到他，他早就跑了。

一时间，大家都没什么好主意，连杨子荣也陷入了沉思。

团长见状，就散了会，让大伙儿回去都想想，下次开会再研究。

回到排里，杨子荣接连几天都在想着这件事。他不跟战士说笑，战士也不敢打扰他。一天傍晚，天下起了雪，雪越下越大，直飘到了天亮。半夜的时候，杨子荣叫醒四个战士，几个人披上白被单悄悄来到农会主席贾润福家的院子里，在暗处藏好。杨子荣想，土匪拿不到东西，肯定要派人来报复，白天有民兵盘查，只能晚上出来，又必须在天亮前赶回去，所以，如果偷袭的话，时间肯定是在半夜。杨子荣希望能抓着一个活的，好查明匪巢。可惜等到天都快亮了，土匪也没有现身。战士们的身上落了厚厚的一层雪花，冻得哆哆嗦嗦的，杨子荣见大家也挺不住了，便带领战士们撤回了团部。

　　守株待兔是不行了，杨子荣知道这次碰到了难缠的对手。第二天晚上，战士孙大德问杨子荣还去不去潜伏，杨子荣摇摇头说，不去了，座山雕这个老狐狸，一时是半会儿不会派人来报复，他算准了咱们会在那儿埋伏着等他。而且，下过雪，土匪们也怕留下脚印，我想他们是不会出来的。

　　"那怎么办呢？"孙大德忧心忡忡地问，杨子荣拍拍他的肩膀，去找团长了。经过这些天的思索，此刻，一个大胆的计划在他脑海成形了。

　　团长听到杨子荣的方案，也吃了一惊，但又觉得有可行性，便把团干部都召集来，连夜开会。

会上，当杨子荣提出要化装成土匪打进匪巢进行侦察时，团干部们都惊呆了，他们七嘴八舌地提出质疑："太危险了，座山雕可不比别的土匪，他比鬼还精！"

　　"土匪有黑话，一句对不上就会露馅。""还是想别的办法吧，这可一个不小心就把自己搭进去了啊……"

　　面对这些质疑，杨子荣一声不吭就出了门，干部们你一言我一语地继续讨论。

　　门忽然打开了，一个汉子穿着二尺半的黑棉袄，外罩一件日本军用半截黄呢子大衣，头戴一顶狗皮帽子，威风凛凛地站在了门口。众人先是吃了一惊，继而认出是杨子荣，都不由笑起来。

　　团长严肃地问杨子荣："你都想好了？"

　　杨子荣摘下狗皮帽子，摆出一副土匪的架势，说道："不入虎穴，焉得虎子。我都想好了，现在我是吴三虎的副官，是从东宁被打散后，领着几个兄弟跑到这一带的。能入伙就入伙，入不了伙就到吉林投国军去。"

　　"那你准备带几个人？"

　　"算我六个。"杨子荣如数家珍般报出战士的名字，"我排里的孙大德、魏成友、赵宪功、孙立珍、耿宝林，个个都是顶棒的小伙子。"

　　"土匪的黑话你都会？"

　　"也不敢说都会，"杨子荣说，"可是也差不多了，我审问过好多土匪，包括吴二虎那样的匪首，再说，这里那里的土匪，也不见得黑话句句都统一，万一有什么差错，我也可以随机应变。"

团首长们互相交换了下眼神，都觉得可行，便也都点了头。

政委虽然也点了头，但还是不放心，嘱咐道："子荣同志，不管什么时候，二团的全体指战员都站在你的背后，党和人民站在你的背后。"

杨子荣心潮澎湃："我记住了，政委。"

团长也对杨子荣交代："进山后，遇事一定要多商量，把情况侦察清楚了，立即回来报告，我们马上派部队去清剿。"

"是！"杨子荣立正答道。

政委又交代："进山后，如有需要，可以抓小鸡，杀小猪，但一定要记账。"

杨子荣感到于政委如此细心，大声答道："是！"

曲波副政委也走上前来，把一把手枪子弹放在杨子荣的手心，嘱咐他："多保重！"杨子荣紧紧握住曲波的手。

团长又问杨子荣什么时候出发，杨子荣朝外一指："同志们已经在外边等着了！"

团首长立刻向屋外走去，星光下，五个身着便装的战士精神抖擞地站成一排。团首长一一和他们握手，祝他们马到成功，平安归来。

杨子荣站到战士们中间，向团首长们敬个礼，转身和兄弟们朝着茫茫的黑夜中走去。

团长目送着这些勇敢的战士的身影消失在黑夜中，抬头望了望天，一弯新月正在中天。团长说道："初三初四鹅毛月，今天是初五了吧。"

"是，"政委接道，"阳历是 1 月 26 日。"

杨子荣一行人出了海林就一直往北，进了完达山脉的夹皮沟，天亮时到了一个叫做靠山屯的地方。靠山屯是个只有十来户的小屯子，全是日伪时期被抓劳工或者诱骗来的穷苦百姓，杨子荣也不忍心去惊扰他们，便进了深山。

这一带山高林密，峰峦叠嶂，应是座山雕一伙儿当年活动的地方。杨子荣决定在林子里找找。可惜找了几天，也没见着一个土匪的影子。大家有些心急，天极冷，干粮也不多了，再找不到可就要无功而返了。

一天晚上，杨子荣在山上露营，他们把雪拍成墙，围出一个方框，又让大家扒开雪，抱来枯草铺在地上，升起篝火。杨子荣知道这几天没什么收获让大家情绪不高，便鼓励大家："说不定，明天，就该到家了。"

战士孙大德失口叫了声"排长"，立刻意识到自己的错误，伸手捂住了嘴。杨子荣盯着孙大德，皱起了眉头，眼里全是责备。魏成友赶紧起身出去遛了一圈，确信周围没有人才又回来。

杨子荣压低了声音对大家说："你们相信我老杨，狐狸窝肯定就在附近。"大家见杨子荣说得这么有信心，都安下心来，对于杨子荣的本事、杨子荣的为人，他们再清楚不过了，他们总是无条件地相信自己的排长的。

杨子荣见大家情绪好转，又鼓励道："大家准备再吃些苦，先苦后甜。"

赵宪功说："吃苦倒是不怕，就怕完不成任务。"

杨子荣坚定地说："狐狸再狡猾也斗不过好猎手，我就不信他有三头六臂，会隐身还是会遁地？"

大家的情绪都上来了，又讨论了一阵子，杨子荣见天色不早，让大家早点睡觉，准备第二天再扩大点搜索范围，到蛤蟆塘一带去转转。

第二天一早，杨子荣一行朝蛤蟆塘方向走去，一路上，杨子荣和战士们时不时地用黑话闲扯，还学着行土匪大礼、作土匪手势，来了兴致还哼唱起小调，走得热热闹闹的。尽管如此，杨子荣的眼睛却没闲着，不停地扫视周围。

傍晚时分，他们走进了蛤蟆塘一带的林子，正走到一块空地上，忽然听得"梆梆梆"三声。杨子荣心头一喜，知道遇着土匪了，小声对大家说："注意了，有人'叫棍儿'。"大家精神一振。杨子荣观察了一下地形，也大步走到一棵树下，用棍子在树上敲了三下。

大家谁也没有出声，就等着有人出来，可等了半天都没有。杨子荣果断地命令大家朝声音传出的方向走去。

走了不远，就见到前面有微弱的灯火。众人兴奋地交换了一下眼神。杨子荣毫不犹豫地大步朝灯光处走去，众人紧随其后。走到跟前，发现是一座工棚，灯光便是从高窗户里发出来的。

杨子荣抻一抻大衣，双手抖了抖衣袖，战士们都会意，把匣子枪紧紧提在手里。杨子荣一把推开门，在昏暗的灯光下，杨子荣看到棚里一个大炕，炕边放着许多斧子、锯子，炕上一溜儿躺着十几个人。有的正睡着，有的则抬起头看看杨子荣，又抻上被子躺下了。炕头上盘腿坐着一个四五十岁的汉子，吧嗒吧嗒地抽着旱烟袋，见杨子荣进来，也不理他，自顾低头装烟点火。

杨子荣看得出他是个头目，便朝他走过去，将右手拇指食指围成个圈儿，其他三个手指头伸着，拱手施了一礼。那人瞟了一眼，只吸着烟，并未理杨子荣。

杨子荣开口：“三老四少，行个方便，娘家失火烧了，想借问个道，找小孩他舅去。”那人依旧不理不睬。

杨子荣正要说话，孙大德在身后拽了杨子荣一下，嘴里骂道：“丢他妈，撞上个聋子，晦气晦气，咱们走。”

他们来到棚外，杨子荣示意孙大德站住，大声说：“紧三天，慢三天，还是看不见天王山。”

“他妈的，”孙大德骂道，“小孩他舅准死了。”

“这把火烧的，真他妈惨。”杨子荣说，“大冬天的，总得有个避风的地方。”

“我说当家的，”孙大德道，“干吗非在一棵树上吊死，我看小孩他舅也就是他妈个空名，咱去溜别路。”

杨子荣说：“倒也是，香点着了，插哪个香炉里不行。”

“兄弟的意思是不如过镜泊湖，溜中央去，再领着人回来找那放火的人算账。”

“行倒是行，”杨子荣叹了口气，说，“既来了，还是先找孩儿他舅吧。”

杨子荣和孙大德一来二去在棚子外谈了半

个多小时，别的同志都静静地听着，不敢插嘴，只是跟着叹气。

忽然，工棚的门开了，刚才坐着抽烟的那个人走了出来，一直走到杨子荣跟前，说："外面风大，还是先找个地方暖和暖和吧。"

杨子荣知道对方听了自己半天话，心理上有些缓和，不似最初那么防备，赶紧说道："那就有劳这位大哥给挑个门帘。"

那人说："兄弟姓孟，是这里的工头，我领你们去个地方。"接着转身进屋，拿出一把锯、一把斧子、一个小铁锹，放到杨子荣面前，又进屋拎出一个小铁桶，里面放着半桶苞米面和一些盐，递给杨子荣他们。大家分别把东西拿上，那人也不多说话，朝杨子荣他们一招手，转身就往山里走。杨子荣一行紧紧跟着他。

约摸走了20里路，姓孟的工头将杨子荣等人领进了一个空木棚子，对杨子荣说："这里僻静，没人来，你们就在这里避避风吧。"进了屋去，他又从墙角的乱草里翻出锅碗瓢盆，放到杨子荣面前。杨子荣见屋子里有个大煤油桶做的炉子，地上铺着厚厚的草，知道是个好去处，连忙向孟工头道谢。孟工头也不再说什么，转身走了。杨子荣和战士们相对一笑，心照不宣，这事儿有戏！杨子荣让大家不要呆站着，战士们赶紧去找来木头，劈的劈，锯的锯，将火生了起来。屋子里很快便暖和了，战士们都很兴奋。杨子荣让大家好好睡觉，养精蓄锐，准备接下来的战斗。

六个人在工棚里等了两天，也没有人来找他们，孟工头也不露面，大家都不禁有些心焦，还是杨子荣沉得住气，劝住了众人。孟工头拎来的粮食吃没了，大家就从木头缝儿里抠虫子吃。第三天下午，站在窗边发呆的魏成友忽然兴奋地压低声音对大家说："来了。"众人精神一振，杨子荣立刻站起来迎出门去。来的是孟工头。

杨子荣先发制人，抱怨道："老哥这几天在哪里发财呢，怎么都不打个照面？"

孟工头连连作揖，道："哎呀，兄弟，实在抱歉，这几天生意上的事儿缠身子，实在走不开啊。"

杨子荣也不追究，笑着把孟工头让进了屋。孟工头偷偷扫了一遍众人，见人一个不少，又说起话来："这几天过得还行吧？"

杨子荣让着孟工头坐下，才说道："不瞒老哥，弟兄们已经饿了一天了。"

"哦？"孟工头看起来似乎很惊讶，"你们咋不出去赶点吃的呢？"

杨子荣听出他话里的试探，暗道声"厉害"，嘴里却答道："人家的盘子，兄弟我不敢放肆。"

孟工头似乎很满意杨子荣的回答，脱口而出："没关系，三爷不会怪罪的！"

　　众人听到"三爷"二字，心中一阵狂喜，鱼儿上钩了。

　　杨子荣心知肚明却要故意装傻："不知哪方宝土能赶上吃的？"

　　孟工头自告奋勇带众人去夹皮沟，说那里能赶上吃的。

　　杨子荣他们一听夹皮沟，心里咯噔一下。那里是他们常去的地方，老百姓都认得他们。孙大德忍不住开口："那屯里的人穷不穷？只怕去了赶不到吃的。"

　　孟工头拍着胸脯保证："你放心，夹皮沟刘二柱家有粮有鸡。"

　　杨子荣明白孙大德的心思，生怕引起姓孟的怀疑，连忙道："既然这位大哥说能赶上吃的，弟兄们就下山去走一遭。"

　　孟工头笑笑，目不转睛地盯着杨子荣。杨子荣让孙大德去打盆水洗洗脸，孙大德拿着盆挖了一盆雪坐在炉火上，雪很快就化了，杨子荣趁着孟工头不注意，飞快地抓起一把黑灰放到盆里。其他人都洗过了脸，只有魏成友抱怨水里黑糊糊的，不肯洗了。孟工头的眼睛立刻死死盯住了魏成友。杨子荣故意走到跟前，看看盆里的水，大骂孙大德："你他妈真不会办事，弄点水都是黑的，呸呸！"说着伸手在脸上抹了几把，接着抬脚把盆踢翻了，又骂魏成友："你他妈的也够事儿多的，黑怎么了，进屯子后还想弄个娘们儿睡睡，怕人家嫌你黑？妈的。"被骂的两个人都不敢吱声，孟工头把一切都看在眼里。

杨子荣训完了人，把手一挥："跟老子走，抓他一把去！"

夜里就到了夹皮沟。砸开屯边儿一家的门，翻腾了半天只找到几个粘豆包，孙大德伸手扯过一块包袱皮儿，将豆包一股脑倒进去，包起来就背到背上。又走了好几家，也没找到粮食，只搜出些粘豆包，都裹在包袱皮里。孙大德一边扎包袱角一边骂道："这屯子里的人真他妈邪，家家都吃他妈的粘豆包。"孟工头听到他们抱怨也不吱声，只站在门口看着他们，最后把他们领到了姓刘那户人家的家门口，跟杨子荣耳语了几句。杨子荣带着人敲开门，冲进去后果然翻出了半口袋荞麦面，孙立珍一下子都给背到了背上，女人哭喊着过来夺，一把就被推到了地上。大家又发现鸡窝里有鸡，赵宪功伸手就抓了两只公鸡出来。姓孟的凑上前恭维道："弟兄们果然都出手不凡！"杨子荣不屑地说："这算个屌，东宁城的共产党政府老子都敢出出进进！"姓孟的连声恭维。

回到工棚，天已经亮了，大家七手八脚把

荞麦面烙成饼，又炖了一只鸡。鸡还没熟，六个人便挤过去开始争抢起来。

孟工头终于放下了戒心。他对杨子荣说："兄弟姓孟，名继成，是三爷的联络副官，弟兄们如有诚意，兄弟我愿意给挑门帘。"

杨子荣闻言大喜，忙道："全靠大哥栽培。"

"没什么。"孟工头客气起来，说有人要见他们，需要先安排一下，就告辞了。

孟工头一走，大家压抑着的兴奋都爆发出来，魏成友高兴得在地上连连翻跟头。杨子荣也很高兴，但他很冷静，让大家先睡觉，准备打更大的仗。

第二天下午，孟工头又来了，寒暄过后，对杨子荣说："兄弟你跟我下山一趟，三爷派人来见你。"

杨子荣口里恭敬着，跟大家使了个眼色，道："弟兄们在这里好好呆着，我去去就来。"

孟工头带着杨子荣出了山，到了一个屯子，进了伪满时期的一个屯长家。

这是一溜五间大瓦房，孟工头领杨子荣进门，出来个老头儿点头哈腰地冲杨子荣打招呼。杨子荣拱手施礼，道："打扰了。"老头儿连道："哪里哪里，请进请进。"说着掀开门帘让杨子荣进屋。

杨子荣进的是西屋，靠着窗户有一个大炕，杨子荣解下匣子枪，一把扔到炕角上。老头儿和孟工头对视一眼，都点点头。老头儿让杨子荣上炕，冲着屋外大喊："上茶！"一个涂脂抹粉的年轻女人端着茶盘走了进来，娇滴滴地对杨子荣说："请喝茶。"杨子荣笑笑，没说话，女人便退了出去。跟两人闲话一会儿，还不见有人出来，杨子荣不由看看孟工头。孟工头朝老头儿使了个眼色，老头儿便退了出去，一会儿，两个胡子拉碴的家伙挑开门帘走了进来。其中一个一进门便朝杨子荣做了一个奇怪的手势，杨子荣伸手按了一下鼻子，也做了个手势。双方你来我往一阵比划，对方盘问的黑话不外是哪路溜子、从哪里来、到哪里去等等，杨子荣都对答如流。说了一阵，那家伙笑了，自我介绍道："在下姓刘，刘副官。"他又指着身边的人说："这位兄弟是连长。"杨子荣双手抱拳道："久仰久仰，在下胡副官，还望大哥提携。"这两个家伙也坐到了炕边，女人端上酒菜，大家便吆五喝六地推杯换盏起来。喝着喝着，刘副官便老往杨子荣的脚上瞟。杨子荣扫一眼自己的脚，顿时明白了刘副官的疑惑，自己的脚上穿的可是八路军自己做的棉鞋，这土匪好眼力，竟然一眼就认出来了。

杨子荣心念一转，故意把脚翘上来，炫耀道："我这鞋子可是共军的。"

众人吃了一惊，都停下酒杯筷子，刘副官和连长下意识地摸了摸枪，杨子荣倒不慌不忙，将一口酒倒进嘴里，抹抹嘴开始吹嘘起来："那次在东宁，弟兄们打了共军埋伏，杀了他人仰马翻，老子一个人就撂倒了五个。"杨子荣夸张地伸出手掌，接着道："共军被打得落花流水，弟兄们一路追过去，看到地上尽是死尸。用脚踢踢，穷光蛋，啥玩意儿也没有，就这鞋子还不错，老子就扒下来一双穿上了。"说着又炫耀似的翘了翘脚。

屋里的人都松了口气，对他连连恭维，孟工头又接连劝酒，酒过数巡，杨子荣对刘副官说："兄弟我来投奔三爷，还望大哥成全。"

刘副官醉眼蒙眬地说："好说好说。"

杨子荣对刘副官抱了抱拳道："大哥若是不嫌弃，兄弟我愿意与大哥义结金兰。"刘副官大笑道："兄弟果然豪爽，在下能有你这样的金兰兄弟，真是三生有幸。"

老头儿一见，赶忙撮合道："既然如此，那就论了年庚，当下拜了吧。"

刘副官虽然醉了，却还是摇着头道："小弟与三爷是把兄弟，此事别忙，待小弟禀过三爷，论过排行，方可焚香祝拜。"杨子荣连称："大哥言之有理。"

又喝了一阵，见天色已黑，刘副官对杨子荣说，到山上看看弟兄们。

"好。"杨子荣说着，起身往外走，又是孟工头领着，大家上了山里的工棚。工棚里的五个人正等得心焦，见杨子荣回来了，都松了一口气。杨子荣领他们与刘副官等见过，便与他们盘腿坐到了炕上。火上炖着鸡，孙大德揭开锅盖，见鸡已经烂了，便把锅端下地，一边吹着，一边把两只鸡腿撕下来，一只递给刘副官，一只递给杨子荣。刘副官也不客气，接过就啃，其他几个人便一拥而上，争抢起盆里的鸡肉来。杨子荣看着不像话，喝道："当着刘副官的面，也不讲点儿礼数！"刘副官啃着鸡腿，连道无妨，说都是自家兄弟，何必太拘礼，还劝连长也去夹一筷子，连长不屑地笑笑没动。

吃过鸡肉，又说了些话，刘副官提出告辞，答应第二天再来"定夺"。可是第二天天黑了也没来，大家有些着急，怕他们反悔，杨子荣心里有数，对战士们说："你们想想，他们本来人就不多，咱们有六条汉子，能随便把咱们这股力量放走吗？"战士们觉得有道理，又耐心地等下来。

两天后，刘副官才和连长过来。

一进门，刘副官便向屋里的人拱拱手："抱歉，让诸位在这里久等了。"

杨子荣道："那倒没什么，只是别伤了弟兄们的和气。"

刘副官看出杨子荣不高兴，解释道："这两天实在有事脱不开身，三爷听说各位弟兄英雄了得，十分高兴，提出要与胡副官结拜兄弟，已经派人上牡丹江去买酒肉了。东西办齐，就请诸位兄弟上山，大碗喝酒，大块吃肉，痛痛快快过个元宵节！"

刘副官说了一阵便告辞走了，杨子荣立刻和大家商量对策，杨子荣说，出来已经快十天了，团里一定急得要命，现在座山雕已经上钩，咱们得派个人回去汇报，请示下一步行动。魏成友接下了任务。杨子荣和孙大德将魏成友送到夹皮沟，算算到海林的时间，杨子荣叮嘱魏成友务必在天亮前赶归来，不然会引起土匪怀疑。魏成友答应了。三人到一户有马的人家"借"了一匹马，魏成友飞身上马，直奔海林。

魏成友的行程并不顺利，跑出不远竟被两个人给捉住了，魏成友心急如焚，生怕天亮了回不去。好在捉他的部队是八路军二团七连，连长栾超家认识魏成友，连忙问了情况。原来，团长担心杨子荣他们，派七连的一个排去山里拉木头，以便策应杨子荣他们，另两个排，由连长栾超家带着，隔天进山活动活动，说不定杨子荣他们会派人来找部队。魏成友遇到的便是栾超家的这支部队。

给栾超家介绍过情况，魏成友劝栾超家赶紧把部队带回海林，不然很可能惊动座山雕。栾超家答应天亮就收兵回营。魏成友着急走，又想起保密工作的事儿，就到栾超家耳边说了几句话，栾超家失笑道："小鬼头，真他妈的精，都他妈被杨子荣带坏了，成了一窝小杨子荣。"

栾超家撤走了看守魏成友的岗哨，又故意没锁门，魏成友冲出来上马就跑了，栾超家还拦住了想要追击的战士，轻描淡写地说："跑了就跑了吧，一个小崽子。"

深夜11点，魏成友赶到海林，进了团部，碰上参谋陈庆，陈庆见到魏成友，知道有急事，但也没让魏成友叫醒团首长，而是把他带到了自己的宿舍，听魏成友汇报情况。魏成友说了杨子荣的计划，陈庆觉得有点冒险，他建议杨子荣正月二十日之前能抓回来"舌头"或者画回张地图就行。魏成友机警地点点头。陈庆又掏出个小本子，说道："正月十五、十六、十七这三天的口令你要记好，风调——雨顺、五谷——丰登、人财——两旺。"魏成友重复了一遍，说自己记住了，便要告辞，临走前，陈庆给他拎了两背兜馒头和烤肉。

魏成友连夜赶回夹皮沟，归还了马匹，又寻路进山，摸回了工棚。到工棚的时候，已是拂晓，大家都有点儿着急，魏成友绘声绘色地讲起经过，杨子荣让他早点休息。

正月十五的下午，刘副官又来了，告诉杨子荣过节的酒肉已经办好，说明天接他们上山。

送走了他们，杨子荣和大家一起商量对策。事情来得太过突然，回去求援肯定来不及，而且现在还不知道匪窝的位置，如果不去则必定引起土匪的怀疑，失去重要的灭敌机会。如果去，只有六个人，又不了解土匪的底细，实在太危险了。

该怎么办？

杨子荣干脆下定了决心："去！"

接着他对情况进行了分析："土匪有丰富的山林活动经验和作战经验，枪法也很准，但是我们的战士也是从枪林弹雨中摸爬滚打出来的，作战素质绝不比土匪差；土匪是惊弓之鸟，一旦打起来，决不会恋战，应该只顾着逃命要紧，所以战斗力不强，而我们身后站的是二团、是党、是无数的老百姓，这就是我们压倒一切敌人的勇气；最后，危险固然是有，但既然参了军，就不能怕苦怕牺牲，即便是牺牲了，也是值得的，也是光荣的，党和人民会记得咱们！"

说到这儿，杨子荣看着大家："我相信大家跟我是同样的心情！"

战士们纷纷表示愿意跟着杨子荣。

杨子荣伸出手来，战士们也把手伸过来，六只大手紧紧地握在一起。接着，杨子荣又说道："我们的目的不是牺牲，而是消灭敌人，要既能打到狼，又不能被狼咬到。我想了一个方案，大家讨论讨论。"

众人兴奋地开始了讨论。

1947 年 2 月 6 日，正月十六下午，百姓们还沉浸在元宵节的气氛中，杨子荣他们已做好了一切准备。刘副官和连长准时回来了，带着座山雕的命令，请胡副官和他的弟兄们上山入伙，有福同享，有肉同吃，有官同做。

二人被让进了工棚，被大家好吃好喝招待着，战士们骗他们说：我们又出去赶了一趟吃的，打算带上山去孝敬三爷和弟兄们。两个土匪笑逐颜开，一边吃肉一边夸胡副官的兄弟够意思。

杨子荣借口走出棚子，扫视一圈，确定没有土匪随行，便大叫一声："这么冷的天，还不加柴火！"战士们听到号令，冲两个土匪猛扑过去，三下五除二便将他们捆得结结实实。

两个土匪大惊失色，不住地嚷着："别伤了和气，别伤了和气……"

杨子荣黑下脸骂道："你们太不讲交情了，弟兄们等了这么些天，都要饿死了，也不领着上山，你们安的什么心！"

刘副官哆哆嗦嗦地分辩道："这是三爷的意思，考验你们是不是共军。"

杨子荣勃然大怒："放屁，有这么考验的吗？弟兄们初来乍到，人生地不熟，想饿死我们吗？我倒是怀疑，是不是你们两个小子不地道，把三爷给我们的在中间吞了？"

两个土匪连忙否认，再三说，确实是三爷要考验你们是不是真的自己人。

杨子荣一副不耐烦的样子，道："老子也不跟你们打嘴仗，现在，委屈你们领我们去见三爷。他要是真不够意思，我们就走人，天底下这么大，就没有我们兄弟的立脚之地了？"

孙大德也跟着骂："他们自己也不过是些落网的鱼儿，老子干吗非得在这一棵树上吊死！"

其他人也七嘴八舌地骂起来，两个土匪吓得面如土色，乖乖地领着杨子荣一行往深山走去。

杨子荣并无意跟这两个土匪闹翻，他对他们说，如果见了三爷问明白了，真是你们受了委屈，兄弟我给你赔不是！

土匪应着，走在前面。一路上，杨子荣天南地北地讲各地见闻，听得俩土匪都忘了自己被绑着这事儿了，直跟着插嘴。

杨子荣一面应对这两个土匪，一面打量周围，想记住道路，可他惊讶地发现，难怪他们找不到，他们走的这根本就不是道。

大约走了三十多里，他们到了大砬子山里。山口上设立一道卡子，窝棚里的岗哨见刘副官被绑着，大吃一惊，杨子荣他们趁机把这岗哨也绑了。刘副官还解释道："误会，一会儿就好了。"岗哨没弄明白怎么回事，只好稀里糊涂地跟着。大约走了两里路，到了第二个岗哨，刘副官说是自己人，侦察兵又很快地将这岗哨的枪撤了。又走了二里多地，一个小房前站着两个岗哨，这是第三道卡子了。杨子荣看着这一道道岗哨，心里不得不赞叹座山雕的精细。心里这样想，嘴上却是难听话："怎么尽是绕大圈子，是不是不叫我们见三爷啊？"

刘副官忙说："让见让见，不远就到了，就是道不好走。"

很快，真的见到了匪窝，杨子荣摘下帽子拍了拍，侦察兵们看见暗号，三两下将刘副官在内的六个俘虏死死困住，绑在树上，塞上嘴，叫孙立珍等三人看着，自己则带着孙大德和魏成友去会座山雕。

到了屋子前面，杨子荣对两个战士比划了个手势，然后一跃而起，把门踢开，枪口对准了炕上的土匪，嘴里喊着："别动！"与此同时，孙大德和魏成友也冲了进来，一个站住东北角，一个站住西南角。三支匣子枪，张着机关，就对着炕上的土匪。

杨子荣看清了炕上躺着七个人，其中炕头上有个白头发、黑脸膛、长着鹰钩鼻子和山羊胡子的瘦小老头儿，想必就是座山雕了，便一直盯着他。

座山雕见生人闯进来，也去摸枪，但被手疾眼快的杨子荣踩住手，把枪掏了出来。

杨子荣让土匪们穿好衣服，心下飞快地计算着人数对比，土匪人多，不好对付，不如将计就计，接着往下演。主意已定，杨子荣大声斥责座山雕："三爷太不讲义气了，怎么说咱们打的都是蒋委员长的旗号，弟兄们来投靠你，你就这么折腾我们！"

座山雕一听是刘副官联络来的入伙的人，不由松了口气，干笑两声："自己人，别误会，现在风声很紧，我不得不考验你们是不是共军。"

杨子荣生气地说："考验也不能这么个考验法，差点儿没把我们饿死，让人寒心。我看我们也没有在你这里发财的缘分，我们借条道，到吉林去投国军。"

座山雕还想跟杨子荣商量商量，杨子荣断然拒绝："你走你的阳关道，我过我的独木桥。有劳三爷借条道给我们。"

座山雕叹了口气，同意按照杨子荣说的办。杨子荣又说道："这一带都是三爷的人，还请三爷送我们一程。"

座山雕同意了。杨子荣用枪指着炕上的土匪说："都去送。"座山雕也同意了。杨子荣又说："得委屈你们一下，把你们捆上，你们道路贼熟，要是在半路跑了，我们不是自寻死路！"

座山雕看看杨子荣，匣子枪的枪口正对着自己的脑袋，没办法，座山雕苦笑道："就依你说的，不过，到了国军那里要是发达了，可别忘了我张某人是怎么送你上路的！"

杨子荣笑笑："忘不了。滴水之恩，当涌泉相报，何况是送我们奔前程。"

杨子荣命令土匪都面壁站着，自己一个个把他们捆上，孙大德和魏成友则把土匪的枪都卸下枪栓、机头，给土匪挂到身上。

"你们的枪我们一支不要，出了山就把枪栓还给你们。"杨子荣停了停又对座山雕说："您老记着，兄弟我在黑石碴子鹰嘴石下插着一挺机枪，十来只步枪，都送你们了。"座山雕咧嘴苦笑算是听到了。

收拾停当，会合外边的孙立珍等人，大家

便出发了。十三个土匪被分开牵着，杨子荣牵着座山雕等三名匪首。孙大德、魏成友各牵了两个跟着，孙立珍三人则每人牵了两个先前捆住的土匪。

这是一支奇怪的队伍，多数人被绑着，少数人牵着绳子，但是被绑着的人又时不时地关照一下牵着他们的人，哪里有坑哪里有沟全都提醒及时，有时他们还说上两句笑话。

杨子荣和座山雕走在一起，对他暗中观察，不由啧啧称奇，座山雕虽然上了年纪，可走起路来脸不红气不喘，轻快得像野鹿一样，后边的人要小跑才能跟上他。

天快亮的时候，他们走近了山边，林子也没之前那么密了。座山雕收住步子，对杨子荣说："不能再往前了，前面不远就是海林，那里住着共军的团部。"

杨子荣说："没关系，再走走吧，天还没大亮，发现不了。"

座山雕被人捆着，没有办法，只好又走。

到了山下，天已大亮，远远看到有两辆拉木头的车停在山口，座山雕停住脚步："那是共军的车，不能再向前走了。"

杨子荣一笑："正好，卸他几匹马骑上，走得更快。"

刘副官听出不妙，猛地挣脱杨子荣手里的绳子掉头就跑，杨子荣扣响扳机，打在了他的腿上。

押车的一个班听到枪响，迅速朝这边运动，战士们分不清这伙儿人是干什么的，便大喊："口令！"

魏成友高喊："人财——口令！"

△ 当年杨子荣生擒座山雕的地方

    "两旺——"

    对上了口令，战士们迅速跑了过来。

    座山雕见杨子荣和来人对口令，大吃一惊，结结巴巴地问杨子荣："你、你们是……"

    杨子荣大笑道："不瞒你说，张三爷，张司令，兄弟我们，就是共军的侦察员，你落网了！"

    座山雕登时瘫坐在地上，长叹一声，哀声

道："张大帅没整了我，他死后，就数我有名了，日本人也没对付了我，这次叫你们几个土八路给我逗了，真是窝火啊……"侦察员听了，都神气地笑起来。

杨子荣让押车的班长把木头卸下来，让侦察员带着土匪上了大车，又叫他们卸下一匹马给魏成友跑回去报信。

魏成友高兴地骑着马，向海林镇奔去。

团长见魏成友上气不接下气地跑进团部，还以为杨子荣送信回来了，谁知道竟是捉住了座山雕，还连带十多个骨干，团长真是大喜过望，立刻给军区打电话报告，牡丹江军区接到电话，副司令员田松立刻亲自赶到海林镇。

海林镇已经沸腾了。消息一传出来，百姓们都拥上街头，等着看赫赫有名的座山雕。

很快，座山雕就被押进了城。人们欢呼着奏响了锣鼓。田松副司令也站在街上，杨子荣看到他，跑步过去跟他汇报："二团侦察排活捉座山雕张乐山以下土匪 13 人，现已押到，请指示。"

"同志们辛苦了！"田松副司令握着杨子荣的手，兴高采烈地说道，"我代表军区党委、军区首长向你们表示热烈的祝贺！"

田松副司令挨个和战士们握手，表示慰问，接着来到座山雕身前，含笑打量这个威震一方的匪首，座山雕也在打量面前这个老对手田松。

田副司令率先开了口，问座山雕有没有想过，为什么他的人越打越少，而自己的部队越打越多？

座山雕迷惑地看着田松。

田副司令将手向村口一指："你看看我们身后，你就清楚了。"

座山雕顺着他手指的方向望去，在八路军战士的身后，站着一眼望不到边的百姓。座山雕仿佛明白了什么，颓丧地垂下了头。

公审大会在海林镇朝鲜族小学举行，人们从四面八方赶来参加大会。公审大会后，人民政府宣判了匪连长刘忠汉等六名匪徒的死刑，立即执行枪决，座山雕则被押送至牡丹江军区继续受审。

枪声过后，百姓们欢呼雀跃，大行庆祝！

而座山雕则在公审后被押到了牡丹江，不久生病死去。

座山雕落网后的第十二天，公历 1947 年 2 月 19 日，农历正月二十九，《东北日报》以"战斗模范杨子荣活捉匪首坐山雕"为题，报道了杨子荣等人"以少胜多创造范例"的事迹：牡丹江分区某团战斗模范杨子荣等六名同志，本

以少勝多創造範例

戰鬥模範楊子榮等

活捉匪首坐山

摧毀匪巢賊匪全部

【本報訊】牡丹江分區某團戰鬥模範楊子榮等六同志，本月二日奉命赴蛤蟆塘一帶便裝偵察匪情，不辭勞苦，以智巧妙方法，日夜搜索偵察，當佈置

後，遂於二月七日，勇敢深入匪巢，一舉將蔣記東北第二縱隊第二支隊司令「坐山雕」張樂山以下二十名全部活捉，創造以少勝多殲滅股匪的戰鬥範例，鬥中摧毀敵匪窩棚，並繳獲步槍六支，子彈六百四十發，糧食千餘斤。

△ 1947年，《东北日报》报道杨子荣活捉匪首座山雕。

月2日奉命赴蛤蟆塘一带便装侦察匪情，不辞劳苦，以机智巧妙方法，日夜搜索侦察，当布置周密后，遂于2月7日，勇敢身入匪巢，一举将蒋记东北第二纵队第二支队司令"座山雕"张乐山以下全部活捉，创造了以少胜多歼灭土匪的战斗范例。战斗中摧毁敌匪窝棚，并缴获步枪六支，子弹六百四十发，粮食千余斤。

116

全东北的人，都知道了杨子荣。

二团也召开了庆功大会，给杨子荣记三大功，孙大德和魏成友各记一大功，孙立珍、赵宪功、耿宝林三人各记二小功。大会现场要求杨子荣讲话介绍经验，杨子荣只说了一句："为人民的利益生死不怕，对付敌人就一定神通广大。"

→ **身后多少事**

★★★★★

（30 岁）

1947 年 2 月 20 日，刚回来休整不久的杨子荣又出发了。

根据海林北部梨树沟一带群众反映，附近深山有土匪活动，据军区司令部的分析，可能是被我军多次搜剿却漏网的土匪李德林残部。命令立即下给了二团，团领导聚在一起，分析敌情。

李德林是头道河子的大地主，手里曾掌握
包括惯匪、杀手郑三炮在内的地主、土匪武装
五百余人，被国民党委任为滨绥图佳保安第三
旅。二支队进驻海林后，最先围剿的就是这伙
土匪，几次围剿，李德林匪部大部分被歼灭，
李德林也被活捉，可惜最凶恶的几个匪首：营
长刘俊章、副官卫队长丁焕章、惯匪大盗副连
长郑三炮漏网了，这次出现的土匪，很可能就

△ 黑瞎子沟

是这几个人。

团里思来想去，还是觉得派人先到梨树沟一带侦察匪窝，然后再组织小分队去消灭围剿。杨子荣闻讯，主动请缨，团首长都劝他休息几天，他却软磨硬泡硬要求任务，团领导被他磨得没办法，只好答应了他。杨子荣回到团里选了几个侦察员，又有孙大德和魏成友。

梨树沟又名黑瞎子沟，沟内有个屯子叫梨树屯，位于海林北边一百多里，交通闭塞，是个多年的土匪窝。杨子荣和侦察员在离屯子五六里的地方下了爬犁，踏着没膝的积雪进了村。此时天已黄昏，杨子荣躺在村里老乡家过了一夜。第二天天不亮，他们就出了村，进了深山老林。

一上午毫无斩获，中午的时候，杨子荣意外地发现树杈上堆着匪兵的粮食，有满满一麻袋呢，他们在附近搜索，经一个打皮子的老人指点，他们发现了个工棚，但里面没有人。

杨子荣见天黑了，怕被敌人伏击，连夜带战士们赶回了村子里。根据村长反映的信息，大家一致认为土匪可能躲在一个叫孟老三的人的马棚里，有了目标，杨子荣和魏成友回去请示团部。团首长听了报告后，决定派副政委曲波带队，率两个侦察班和一个机枪班共近 30 人的小分队，去梨树沟剿灭残匪。

2 月 22 日下午，战士们奔向了梨树沟，而马棚里的土匪却在为一点小事争吵不休。

半夜，小分队到了梨树沟，稍事休息，便向闹枝沟进发。经过一系列询问，几乎可以确定土匪就住在孟老三的马棚。杨子荣与曲波商议后，便带了四五个侦察员出发了。

　　天快亮的时候，杨子荣还没摸到马棚子，不禁有些着急，天亮了就不容易接近土匪了。他心急地爬上大树四处张望，发现正北有一缕青烟时隐时现，他确认了一下，心里踏实了，滑下树，带领侦察兵往北走。

　　找到了那个半地下的马棚，杨子荣决定把门堵上，可以捉活的。大家自然都听他的。可是，悲剧也就是在这时发生的。

　　到了马棚门口，杨子荣身先士卒，冲到窝棚口，一脚踢开门，大喊一声："不许动，举起手来！"寒风淹没了杨子荣的声音，屋子里的人只看见有个枪口指着里边，连忙操枪射击。杨子荣见屋里都是拉枪栓声，便扣动了扳机，然而却没有打响。孙大德连忙补枪，也没有打响。慌乱中，只有孟老三慌慌张张地冲门口打了一枪，慌不择路地逃跑了。孟老三不知道，他的这枪正中杨子荣的胸口。杨子荣流着血倒在门旁，孙大德扑过来抱住他，杨子荣指着窝棚，微声说："大德……任务……"便垂下头，停止了呼吸。

　　孙大德心如刀割。

　　屋里的土匪还想往外冲，侦察兵们见杨子荣被打倒了，个个急红了眼，几支匣子枪吐着火舌朝土匪猛烈射击，土匪也在屋里往外打枪。

双方僵持的时候，曲波带着小分队赶到了，看到杨子荣牺牲了，个个咬牙切齿，子弹狠狠地射向敌人。战斗持续了二十多分钟，曲波让魏成友拿着手榴弹上房顶，魏成友将五个手榴弹捆在一起，飞快地爬上房，将手榴弹拉开弦，等冒了一会儿烟才扔下去。

一声巨响，马棚被炸飞了，土匪们死的死，伤的伤，孙大德抢过一挺机枪，冲着匪徒一阵扫射，他心里恨啊，怎么自己的枪那个时候就不好使了呢！

曲波副政委走过来安慰他："你和子荣同

△ 杨子荣生前在老乡家用过的水壶

志的枪我都看过了，是缓霜，枪被冻住了。"

孙大德呜呜地哭了出来，屋外，侦察员们也趴在杨子荣的遗体旁哭成一片。

曲波亲自将杨子荣的遗体收敛在一口松木棺材里，棺材是梨树屯的村长找人赶制的，侦察员们将排长的手、脸洗干净，却不愿意盖上那块木板。因为匪徒还在这一带活动，曲波决定派人先把杨子荣的灵柩送回去。魏成友哭着要去。

曲波目送灵柩远走，心中悲痛，又给团长和政委写了封信，汇报了情况，派人快马送回团部。团长拆开信一看，信纸就从手里掉了下去，他不愿相信这是真的。

消息迅速传遍了二团，传遍了海林镇，人们沉浸在悲痛中，不能自已。

3月17日，杨子荣牺牲后的第二十三天，上午11点，杨子荣的追悼会在朝鲜族小学操场上举行。军区首长来了，带来了将英雄生前所领导的排命名为杨子荣侦察排的命令；海林县委书记孙以瑾、县长刘克文来了，他们代表海林镇几十万人民，向为人民的解放事业牺牲的英雄致敬；百姓们从四面八方赶来，来为人民的好儿子送行。

杨子荣入土后，团长王敬之以"英雄的侦察员杨子荣"为题，将杨子荣的事迹写了一大本上交牡丹江军区，不久，牡丹江军区授予杨子荣"侦察英雄"的称号。

二团再也没在牡丹江地区打过什么仗，杨子荣牺牲的这

△ 杨子荣烈士陵园内。杨得志称杨子荣"大智大勇，一代英豪"。

场战斗，实际上就是整个牡丹江地区剿匪的最
后一次战斗。杨子荣的牺牲是牡丹江地区剿
匪斗争的结束，也是这一地区人民过上和平、
安宁生活的开始。此后，1947 年 2 月 23 日就
成了牡丹江地区的和平纪念日，每年这个日子，
数以万计的人都会到杨子荣墓前洒扫祭拜。

　　1947 年 7 月 4 日，二团全体指战员全副武
装，肃立在杨子荣墓前，向亲爱的战友告别。
英雄永远留在了长眠的土地，而热血的战士则
要奔赴新的战场。二团补充进了主力部队，与
民主联军第一纵队第一师合编，踏上了解放东
北、解放全中国的新的征程。

　　以英雄的名字命名的侦察排，至今仍走在

这个队伍的最前列。他们参加过秋冬两季攻势，参加过四平解放、辽西会战，打过天津，下过江南，也跨过鸭绿江，血洒汉江两岸，进行了老山自卫还击战，英雄的威名响彻南疆。

当年轻的战士们接过"英雄侦察连"的奖

△ 杨子荣雕像

旗的时候，他们在八布河边洒酒祭奠，他们以自己的行动昭告，他们可以毫无愧怍地告慰他们长眠在北国雪原林海中的老排长杨子荣。

关于杨子荣真实身份的确认，真可谓历经坎坷，直到1973年才被完全确认。而此时，英雄生前牵挂的母亲与妻子都已离世。她们一直都不知道，那戏里的英雄杨子荣，就是她们深爱的、盼不回家的杨宗贵。

后　记

甘洒热血写春秋

我想不到一个适合的词语来形容英雄杨子荣。他性格淳朴善良，有正义感，对党忠诚，对百姓厚道，对战友更是关怀备至。可他面对敌人，却长着一张巧嘴利牙，一肚子奇思妙计，还有一身的英雄虎胆。

"侦察英雄"杨子荣，或许没有比这样的称呼再适合战场上的他了。他是一把利剑、一根獠牙，刺入敌人心脏，他有一腔激情与豪勇，为了完成任务能几天几夜不眠不休地来回奔走，他能"以少胜多"、"以弱胜强"、"出奇制胜"，带领部队将敌人彻底击垮，他的确堪称"侦察英雄"杨子荣。

可是，王敬之团长口中的那个"好人"杨子荣又是怎样的呢？

他总是热心肠去帮助别人，从不考虑自己，百姓乡亲们都喜欢他，亲切地叫他"老杨头"，其实他没那么老，就是老留着胡子显得沧桑；战士们也都喜欢他，他出了名地爱护战士，连投诚过来的匪兵都对他依依不舍，他还有一大堆的有趣故事，只要战士们让他讲，他便能绘声绘色地讲出来，故事里有侠义有柔情，仿佛在老杨身上都有投影。老杨从不居功自傲，从不自吹自擂，从来没有架子，危险的任务都亲力亲为，他老老实实做人，踏踏实实做事，认认真真做好事，尽一切可能为党、军队、老百姓谋福祉。他是党的好儿子，人民的好兄弟，部队的好战士，他的确是不折不扣的"好人"。

他成为传奇因为他活捉悍匪座山雕，因他独闯匪巢劝降了四百余土匪，他智勇双全，敢为人先，他在林海雪原中纵横驰骋，如传奇般无敌。我们相信他这样，是因为我们一直隔着神话的光环来看杨子荣。

我希望将一个传说还原为真实，让他生动鲜明地立在我们眼前，他有牵挂与悲伤，他有哀愁与悔恨，他也有不敢不想不愿意面对的事情，他清癯的脸上也留着苦难的刻痕，他热情的双眼也蕴含着忧思与不安，他有时也会冲动，也会有无可奈何。

当我们不再远望，他或许更为可爱，当我们离他很近，他或许更为亲切，我们或许更应该意识到，他成为英雄不只是因为他能干、能打胜仗，而是因为他对党、对人民解放的事业始终如一的热忱和真诚，这才是一支巨椽，贯穿在他形象的始终，成为他的原色与底质，成为我们敬爱他喜欢他的初衷。

就用一句"甘洒热血写春秋"来做结语吧，为他向革命事业的忠诚、向党的事业的热诚致敬！